La réappropriation de l'insulte dans les discours francophones

GRAMM-R
Études de linguistique française

Vol. 53

La collection « GRAMM-R. Études de Linguistique française » a pour but de rendre accessibles les travaux de linguistique française, en tenant compte, à la fois, des grandes théories linguistiques, de la multiplication des recherches dans des domaines connexes et de la diversification des points de vue sur le langage.

Pour rendre compte de la richesse que constitue ce foisonnement de points de vue, la collection accueillera les travaux permettant de confronter les données et les observations des recherches centrées sur le système langagier à celles des travaux explorant d'autres aires de recherche sur le fonctionnement de la langue dans des contextes spécifiques: l'aire de l'acquisition, l'aire de l'enseignement/apprentissage, l'aire de la variation diachronique, diatopique, diastratique, diaphasique, diamésique (oral/écrit, clavardage), etc.

Tous les volumes de cette collection sont publiés après double révision à l'aveugle par des pairs.

Directeur de collection: Dan Van Raemdonck
Professeur à l'Université libre de Bruxelles et
à la Vrije Universiteit Brussel

Michele Bevilacqua

La réappropriation de l'insulte dans les discours francophones

Paradigmes, théories et didactique

PETER LANG

Bruxelles - Berlin - Chennai - Lausanne - New York - Oxford

Information bibliographique publiée par « Die Deutsche Bibliothek »
« Die Deutsche Bibliothek » répertorie cette publication dans la
« Deutsche Nationalbibliografie »; les données bibliographiques
détaillées sont disponibles sur le site <http://dnb.ddb.de>.

Stampato con fondi di ricerca del Dipartimento di Studi Umanistici
dell'Università degli Studi di Salerno

ISSN 2030-2363 • ISBN 978-3-0343-5131-7 (Print)
E-ISBN 978-3-0343-5116-4 (E-PDF) • E-ISBN 978-3-0343-5117-1 (E-PUB)
• DOI 10.3726/b22267
• D/2024/5678/48

Cette publication a fait l'objet d'une évaluation par les pairs.

www.peterlang.com

À mes nièces bien-aimées, lumières rayonnantes de ma vie

Table des Matières

INTRODUCTION

Donner une définition du « discours de haine » est une tâche loin d'être aisée, qui s'exerce principalement dans le domaine du droit[1]. L'expression a été introduite à la fin des années 1980 par des juristes qui s'identifient à la théorie critique de la race et s'attachent à dénoncer le racisme présent dans la société américaine et son système juridique[2]. Il est utilisé pour identifier diverses formes d'expression (mots et phrases, mais aussi images, symboles, gestes, caricatures, comportements) hostiles et offensantes, visant à nuire aux individus et groupes historiquement opprimés et marginalisés, identifiés par des caractéristiques protégées par la loi (ethnie, nationalité, religion, sexe, orientation sexuelle, handicap, etc.). Sous le concept de discours de haine sont regroupés, dans les différents systèmes juridiques, des usages discursifs aux caractéristiques non homogènes: des formes d'expression considérées comme capables, de temps à autre, de causer du tort à des membres de la société déjà soumis à la discrimination, de constituer une menace pour la cohésion sociale et les valeurs démocratiques, d'affaiblir le sentiment d'appartenance à la société de certains individus, et plus généralement considérées comme susceptibles d'être exclues du débat public[3].

Les dernières années ont été marquées par la publication d'un grand nombre de travaux sur le discours de haine en sciences humaines et sociales[4]. Dans le cadre de la recherche linguistique, l'accent a

[1]   Cf. Bianchi C., *Hate speech. Il lato oscuro del linguaggio*, Laterza, Roma-Bari, 2021.
[2]   Cf. Brown A., *Hate Speech Law: A Philosophical Examination*, New York/London, Routledge, 2015.
[3]   Cf. Ferrini C., Paris O., *I discorsi dell'odio. Razzismo e retoriche xenofobe sui social network*, Roma, Carocci, 2021.
[4]   Cf. Bianchi C., *Hate speech. Il lato oscuro del linguaggio*, cit.; Droin N., « L'appréhension des discours de haine par les juridictions françaises: entre travail d'orfèvre et numéro d'équilibriste », *La revue des droits de l'homme*, 14, 2018, pp. 203-218 ; Monnier A., Seoane A., Hubé N., Leroux P. (dir.), « Discours de haine dans les

principalement été mis sur la mise en mots de la haine[5], sur les stratégies argumentatives et rhétoriques auxquelles ont recours les locutrices et
locuteurs[6], sur la performativité des discours de haine et sur leurs conséquences sociales[7], le tout en tenant compte des rapports de groupes[8], de
leurs dimensions idéologiques et des contextes d'énonciation[9].

Or, en sciences du langage les termes « discours de haine » ou « langage de haine » désignent généralement les expressions et les phrases
qui expriment la dérision, le mépris et l'hostilité à l'égard de groupes
sociaux et d'individus en raison de leur simple appartenance à un certain groupe[10]; les catégories qui sont les cibles du discours de haine sont
à nouveau identifiées sur la base de caractéristiques sociales (réelles ou
perçues) telles que la nationalité, la religion, le sexe, le handicap, etc.
Et même dans ce cas, l'étiquette recueille des utilisations discursives
extrêmement variées, avec des caractères très différents: de la propagande

---

réseaux socionumériques », *Mots. Les langages du politique*, 125, 2021 ; Petrilli
R. (dir.), *Hate Speech. L'odio nel discorso pubblico. Politica, media, società*, Roma,
Round Robin, 2020.

[5]   Moïse C., Guellouz M., Hugonnier C., Lorenzi Bailly N., « Circonscrire le discours
de haine numérique. Processus argumentatifs, idéologies et mémoires discursives »,
Tranel, 75, 2021, pp. 41-60.

[6]   Hart C., "Animals vs. armies: Resistance to extreme metaphors in anti-immigration
discourse", *Journal of Language and Politics*, 20(2), 2021, pp. 226–253; Micheli R.,
*L'émotion argumentée. L'abolition de la peine de mort dans le débat parlementaire
français*, Paris, Éditions du Cerf, 2010 ; Reisigl M., Wodak R., "The Discourse-
Historical Approach", in Wodak R., Meyer M., *Methods of Critical Discourse Studies*,
87-121, London, SAGE Ltd, 2015; Määttä S., Vernet S., "Reacting to Homophobia
in a French Online Discussion: The Fuzzy Boundaries between Heteronormativity
and Homophobia", *Discourse & Society* 34(5), 2023, pp. 617–635.

[7]   Määttä S., "Linguistic and Discursive Properties of Hate Speech and Speech Facilitating the Expression of Hatred: Evidence from Finnish and French Online Discussion Boards", *Internet Pragmatics* 6(2), 2023, pp. 156–172.

[8]   Baider F., Constantinou M., "Covert hate speech: A contrastive study of Greek and
Greek Cypriot online discussions with an emphasis on irony", *Journal of Language
Aggression and Conflict*, 8(2), 2020, pp. 262–287; Balirano G., Hughes B. (dir.),
*Homing in on hate: critical discourse studies of hate speech, discrimination and inequa-
lity in the digital age*, Napoli, Paolo Loffredo Editore, 2020.

[9]   Longhi J., Vernet S., « Quelle place pour les réseaux sociaux numériques dans
la production et la circulation des discours de haine? », *Réseaux*, 241(5), 2023,
pp. 11-35 ; Retta M., "A pragmatic and discourse analysis of hate words on social
media", *Internet Pragmatics*, 6(2), 2023, pp. 197–218.

[10] Cf. Lorenzi-Bailly N., Moïse C. (dir.), *La haine en discours*, Lormont, Bord de
l'eau, 2021.

nazie aux lois sur l'apartheid, du discours idéologique de certaines formations politiques aux exemples quotidiens de discours de haine qui sont devenus si tristement fréquents - et typiques des conversations face à face, des écrits sur les murs, des banderoles, des chants dans les stades. Le sujet est devenu encore plus d'actualité avec la diffusion des nouveaux médias (sites web, blogs, réseaux sociaux): les commentaires et menaces sexistes, les insultes racistes et les attaques homophobes trouvent un environnement idéal pour s'exprimer sur le net, où la médiation, les filtres ou l'(auto)censure sont souvent absents.

Le changement de notre façon de penser le monde et donc de notre façon de faire de la recherche en sciences du langage est avant tout le fait que des linguistes se réfèrent d'une manière ou d'une à différentes idées politiques, sociales et culturelles ayant pour objectif de promouvoir l'égalité, sous l'une de ses nombreuses formes, et plus récemment aux études sur le genre, aux études queer, à la théorie critique de la race ou aux études critiques du handicap - tous des champs disciplinaires dans lesquels les structures de pouvoir asymétriques basées sur le privilège du genre, de l'orientation sexuelle, de l'ethnicité ou du handicap sont remises en question. Les thèses « universelles » sur les êtres humains sont démasquées comme étant limitées et biaisées, orientées pour renforcer les stéréotypes et favoriser les intérêts des groupes dominants, tout en ignorant les expériences, les valeurs et les aspirations des personnes et des minorités opprimées.

La valeur de la linguistique peut être d'aider à identifier et à démêler toutes les formes d'injustice, depuis les formes macroscopiques qui, sous diverses formes, continuent d'affecter la communication humaine et toutes sortes de catégories discriminées, jusqu'aux formes plus subtiles et difficiles à identifier qui caractérisent nos interactions quotidiennes - mais qui sont toutes potentiellement dévastatrices. Les linguistes sont désormais pleinement conscients du pouvoir de leur discipline, qui peut contribuer à l'oppression et à l'exploitation de groupes et d'individus, ou au contraire à leur libération et à leur émancipation - ils sont conscients de leur capacité non seulement à interpréter le monde, mais aussi à le changer. La langue peut ainsi être identifiée comme l'un des lieux privilégiés de la discrimination et de la violence, que les sciences du langage ont pour mission de révéler sous toutes ses formes.

Nous faisons des choses avec les mots. Et parfois, nous faisons le mal avec les mots. Le discours de haine a un double effet. Il est une agression directe contre des individus, des groupes, des comportements perçus comme étrangers et menaçants: la valence de l'agression est la plus évidente, notamment parce que la violence verbale évoque et fait allusion à la violence physique. À côté de cette fonction, qui est moins évidente, il en existe une autre: le discours de haine de nombreuses personnes (comme, par exemple, des politiciens professionnels, mais aussi individus ordinaires) doit être considéré comme une forme de propagande. Le discours de haine est un moyen par lequel les croyances, attitudes et comportements discriminatoires sont présentés comme répandus, normaux ou rationnels; les individus et les groupes sont placés sur une échelle sociale injuste, et leur comportement ou leurs affections sont stigmatisés, voire déshumanisés. Dans cette perspective, l'emploi des mots du langage de haine ne communique pas seulement le mépris et l'hostilité à l'égard d'individus et de groupes, mais il fait également du prosélytisme en faveur de ce mépris et de cette hostilité, et incite à la discrimination, à la haine et à la violence.

Paradoxalement, le premier destinataire d'une attaque verbale n'est souvent pas la victime de l'attaque – l'individu dénigré ou la catégorie sociale à laquelle il appartient – mais notre propre groupe: le discours de haine en dit plus sur nous que sur nos victimes. Les phrases et expressions racistes, homophobes ou sexistes sont, en effet, une manière d'attester notre identité sociale, culturelle et politique, d'affirmer notre appartenance à la faction dominante, de renforcer la hiérarchie sociale - de transformer un individu insignifiant en une masse menaçante[11].

D'une manière générale, l'échange communicatif entre différentes personnes repose sur des équilibres délicats qui sont rompus par des échecs souvent causés par des interprétations et des évaluations mises en œuvre sur la base de nos propres croyances et valeurs attribuées à chaque instant aux intentions de nos interlocuteurs et qui émergent dans les interactions dialogiques. Pour comprendre les différences significatives impliquées dans la communication humaine, il est nécessaire de se référer à ce qu'Anna Wierzbicka appelle les *ways of thinking*[12]. Cette expression résume très bien ce qui se cache derrière tout type d'interaction: la référence au contexte et aux connaissances partagées par les

---

[11]   Cf. Ndobo A., *Les nouveaux visages de la discrimination*, Bruxelles, De Boeck Supérieur, 2010.

[12]   Wierzbicka A., "Cultural scripts: a new approach to the study of cross-cultural communication", in Pütz M. [ed.] *Language Contact and Language Conflict*, Amsterdam/Philadelphia, John Benjamins, 1994, pp. 69-87.

interlocuteurs. L'utilisation de connaissances linguistiques, contextuelles et sociopragmatiques et de stratégies perceptives permet aux individus de donner un sens aux énoncés dans un contexte donné. La nécessité de comprendre comment les participants décident de leurs rôles et quel langage ils utilisent pour encoder leurs hypothèses sur les différences de rôles exige une prise de conscience des différences dans leur mode de pensée. L'un des modèles théoriques qui explique, dans une perspective universaliste, l'impact des facteurs sociaux et des connaissances sur les rôles et les relations des participants sur l'utilisation de la langue est la théorie de la politesse développée par Brown et Levinson en 1987.

Chaque communauté linguistique adopte une politesse qui comprend des stratégies et des conventions verbales et non verbales qui servent à favoriser des relations harmonieuses et des interactions communicatives. En tant que telle, l'expression linguistique de la politesse est un phénomène sociopragmatique dans lequel interviennent des paramètres tels que la distance sociale entre les interlocuteurs, les relations de pouvoir et/ou de solidarité, le degré de familiarité et l'imposition de l'acte linguistique. Les choix linguistiques qui en résultent varient en fonction du contexte, du style, du registre, du canal et du moyen de communication.

Ces dernières années, certains linguistes et philosophes du langage se sont intéressés à une classe d'expressions linguistiques particulièrement intéressantes, les péjoratifs, et plus précisément les *slurs*, à savoir les insultes par catégorisation. Il s'agit de lexèmes, concernant la catégorisation insultante, qui ont une valence émotionnelle considérable, le plus souvent de nature négative, de sorte qu'ils sont presque exclus du domaine du « disable[13] ». La réflexion sur cette classe d'expressions permet, entre autres, d'apporter un éclairage inédit sur notre conception du sens, sur la querelle entre descriptivisme et expressivisme, sur la distinction entre sémantique et pragmatique - mais aussi sur la dimension éthique présente dans le langage, et sur le débat autour des discours de haine, de la censure et de la liberté d'expression.

Les *slurs* sont des expressions telles que *nègre, pédé* ou *salope*, qui sont considérées comme offensantes et dénigrantes dans la mesure où elles expriment le mépris, la haine ou la dérision à l'égard d'individus

---

[13]   Cf. Hornsby J., "Meaning and uselessness: How to think about derogatory words", in French P., Wettstein H. (sous la direction de), *Midwest Studies in Philosophy* XXV, 2001, pp. 128–141.

et de catégories d'individus en raison de leur appartenance à cette seule catégorie; les groupes cibles sont identifiés sur la base de l'appartenance ethnique, de la nationalité, de la religion, du sexe ou de l'orientation sexuelle. Il est essentiel de souligner que les *slurs* sont des expressions qui expriment la haine envers des catégories et envers des individus en tant que membres d'une certaine catégorie, contrairement aux simples péjoratifs (tels que « taré » ou « idiot ») qui expriment le mépris, la haine ou la dérision à l'égard d'individus. L'hypothèse la plus répandue est que les *slurs* possèdent généralement une contrepartie neutre, c'est-à-dire qu'il existe un lexème non offensant qui est le corrélat du lexème offensant: par exemple, la contrepartie neutre de *nègre* serait « noir », celle de *pédé* serait « homosexuel », etc. À cet égard, l'un de nos principaux objectifs est d'enquêter la théorie qui rende compte des utilisations particulières des *slurs*, à savoir les emplois réappropriatifs.

Les emplois réappropriatifs sont les utilisations de *slurs* par les membres du groupe cible eux-mêmes, généralement considérées comme non offensantes et destinées à distinguer le groupe des non-membres et à exprimer un sentiment d'appartenance et de solidarité: des exemples sont la réappropriation du lexème « nègre/*nigger* » par les Afro-Américains, ou celle des lexèmes « pédé » et « queer » par la communauté homosexuelle. Nous tenterons de montrer également que les membres du groupe cible font écho aux utilisations offensantes et dénigrantes de manières et dans des contextes où la dissociation du contenu offensant est manifeste.

L'objet de cet ouvrage est donc de présenter les mots et les discours de haine de la langue française dans leur dimension performative et de les interpréter comme des facteurs insidieux de hiérarchie et d'injustice sociale. Les langues humaines disposent d'une énorme variété de mots - insultes, jurons, injures, malédictions, calomnies - pour tenir à distance, attaquer, se moquer, blesser, humilier, enfermer les autres dans des rôles et des positions d'infériorité et nous placer, nous et « les nôtres », dans des rôles et des positions de domination.

Ceux qui parlent, surtout s'ils sont en position d'autorité et surtout dans des contextes institutionnels, portent une lourde responsabilité: ce que nous disons modifie les limites de ce qui peut être dit, déplace un peu plus loin les frontières de ce qui est considéré comme normal, comme acquis, comme légitime. Cela change les normes du discours, et du discours politique et publique: les phrases violentes ou discriminatoires - si elles ne sont pas publiquement remises en question - sont implicitement légitimées, ceux qui parlent sont tacitement autorisés, ce qui rend plus acceptables d'autres affirmations racistes, sexistes ou homophobes. Et changer les limites de ce qui peut être dit change en même temps les limites de ce qui peut être fait: nous nous habituons à l'absence de vigilance sur les mots, ce qui rend plus acceptable l'absence de vigilance sur les actes. Le silence, l'indifférence ou la superficialité avec lesquels nous accueillons souvent les utilisations offensantes d'autrui risquent de se transformer en consentement, en approbation et en légitimation - et de nous transformer en complices et en connivents.

À partir de ces considérations, dans ce volume nous traitons en particulier trois déclinaisons du thème du discours de haine, notamment dans le cadre du langage concernant la communauté LGBTQ+ francophone et les femmes[14]: nous analyserons d'abord la théorie et les implications pratiques de la politesse linguistique, puis nous passerons à l'étude de l'impolitesse linguistique et, en particulier, de l'usage des *slurs* en relation avec la performativité du langage. Enfin, dans le quatrième chapitre, nous analyserons la question de la réappropriation des insultes et de l'autodésignation dans la communauté homosexuelle francophone, pour passer ensuite à une proposition de réflexion expérimentale sur les insultes et l'impolitesse linguistique dans le domaine de la didactique du français langue étrangère (FLE).

---

[14]   Daniel Borillo affirme que « sexisme et homophobie apparaissent [...] comme les deux faces d'un même phénomène social » (2000, 87). En effet, « selon le processus de socialisation masculine, l'apprentissage du rôle s'effectue en fonction de l'opposition constante à la féminité » (Borillo 2000, 85). Dans cette perspective, les insultes perçues comme homophobes par leurs victimes doivent être appréhendées à la lumière des « déviances de genre » qu'elles s'attachent à sanctionner en visant les « personnes affichant des traits traditionnellement attachés à l'autre sexe » (Chauvin/Lerch 2013, 25) et ce, quelles que soient les orientations sexuelles des victimes. C'est pourquoi nous avons choisi de nous concentrer principalement sur les insultes adressées aux personnes homosexuelles et aux femmes, afin d'en approfondir la dynamique linguistique.

CHAPITRE 1

La politesse linguistique : réflexions théoriques et implications pratiques

1.1 La théorie linguistique de la politesse

La politesse est l'une des composantes fondamentales de la dimension sociale de l'être humain et, à ce propos, elle est à la base de la coopération entre les personnes[15]. Selon John J. Gumperz[16], bien que ce qui est défini comme « poli » puisse changer d'une société à l'autre, certains phénomènes liés à la politesse, principalement linguistiques, sont communs à toutes les sociétés et ont donc un caractère universel. Comme l'affirme Anna De Marco,

> ogni comunità linguistica adotta un *linguaggio della cortesia* che include le strategie e le convenzioni verbali e non verbali che servono a favorire l'armonia delle relazioni e delle interazioni comunicative. In quanto tale, l'espressione linguistica della *Politeness,* o cortesia, è un fenomeno socio-pragmatico nel quale intervengono parametri come la distanza sociale tra gli interlocutori, i rapporti di potere e/o di solidarietà, il grado di familiarità, e di imposizione dell'atto linguistico. Le scelte linguistiche che ne derivano variano in relazione al contesto, allo stile, al registro, al canale e al mezzo di comunicazione[17].

---

[15]   Cf. Bianchi A., De Nicola M., Di Bartolomeo G., Di Giovanni P., Papa S., Trio O., *Economia della cortesia. Il valore economico del rispetto e della considerazione per gli altri*, Roma, Carocci, 2008.

[16]   Gumperz, John J., Introduzione a Brown P., Levinson S. C., *Politeness. Some Universals in Language Usage*, Cambridge UK, Cambridge University Press, 1987, p. xiii.

[17]   De Marco A., "La comunicazione interculturale: la cortesia linguistica in una prospettiva cognitivista", in *Filosofi(e)Semiotiche*, vol. 4, n. 2, 2017, pp. 15–26, p. 15 (« chaque communauté linguistique adopte un langage de politesse qui comprend des stratégies et des conventions verbales et non verbales servant à favoriser des relations harmonieuses et des interactions communicatives. En tant que telle, l'expression linguistique de la *Politeness*, ou politesse, est un phénomène socio-pragmatique dans lequel interviennent des paramètres tels que la distance sociale

Toutefois, dans la langue française on remarque deux lexèmes proches mais distincts concernant ce domaine, à savoir « politesse » et « courtoisie ».

Le lexème « politesse » est issu du latin *polito* qui signifie « lisse, propre » et passe au XVIe siècle par l'italien *pulitezza* qui signifie « propreté, élégance physique »[18]. C'est à partir du XVIIe siècle qu'il commence à signifier le « bon goût et le savoir se conduire selon les bons usages du monde », pour finalement signifier aux XVIIIe et XIXe siècles : « Ensemble des usages, des règles qui régissent le comportement ».

Le lexème « courtoisie », attesté dès le XIIe siècle, est issu de *curteisie* qui signifie : « art de vivre et élégance morale ». Mais à partir du XXe siècle il est utilisé pour indiquer une « disposition intérieure, d'une politesse raffinée », indiquant la « civilité » de la personne qui en use[19].

En effet, le français dans son lexique et dans son usage opère une distinction importante entre la « politesse », qui désignerait tout usage réglé conventionnellement et marqué par des formules codées (un comportement verbal qui ne dépend pas de la volonté du sujet, ce pourquoi il existe des manuels de politesse), et la « courtoisie », qui fait plutôt allusion à une manière d'être, à un savoir se comporter vis-à-vis des autres avec délicatesse, élégance et esprit. Donc la courtoisie est davantage liée au choix du sujet parlant, ce qui fait sa différence fondamentale d'avec la politesse.

Cette constatation conduit à distinguer ce qui est de l'ordre de la convention sociale imposée, configurée, marquée, répétée à l'identique (rituels), et ce qui est de l'ordre de l'attitude individuelle dépendant des choix du sujet (en fonction des situations)[20]. Cette distinction se rapporte avec les situations d'échange qui impliquent des relations interpersonnelles

---

entre les interlocuteurs, les relations de pouvoir et/ou de solidarité, le degré de familiarité et l'imposition de l'acte linguistique. Les choix linguistiques qui en résultent varient en fonction du contexte, du style, du registre, du canal et du moyen de communication »).

[18] Cf. Pruvost J., *La politesse au fil des mots et de l'histoire*, Paris, Éditions Tallandier, 2022.

[19] Cf. Charaudeau P., « Étude de la politesse entre communication et culture », In Cozma A.-M., Bellachhab A., Pescheux M. (dir.), *Du sens à la signification. De la signification aux sens. Mélanges offerts à Olga Galatanu*, Bruxelles, 2014, 2014, pp. 137–154.

[20] Cf. Ibidem.

et celles qui se réalisent dans l'espace public : les premières étant régulées par des normes sociales, les secondes par des conventions.

En 1892, Henri Bergson[21] a distingué trois types de « politesse », chacune d'entre elles exige un niveau différent d'identification à l'Autre et donc un type différent d'intersubjectivité.

La première est la *politesse des manières*. Il s'agit d'une politesse des conventions que l'on retrouve, par exemple, dans les salutations. C'est une politesse basée sur des habitudes presque réflexes qui honorent les circonstances; une façon d'agir réflexe, presque automatique, qui n'est pas remise en question, absorbée même physiquement au cours d'années de socialisation.

Le second type est la *politesse de l'esprit*, c'est-à-dire une manière de s'honorer et de se donner à l'autre, voire de renoncer à ce qui nous serait naturel, par exemple s'arrêter brusquement avant d'entrer dans un magasin même si l'on est pressé de laisser passer une autre personne, éventuellement tenir la porte à quelqu'un qui a du mal à le faire, parce qu'il a les deux mains occupées. Pour Bergson, ce type de politesse a pour but de donner du plaisir et en même temps d'en gagner. C'est un niveau de politesse qui nécessite de l'inventivité et de l'improvisation, comme le suggère le fait que Bergson parle ici de « talent ».

Le troisième type, la *politesse du cœur*, est celui qui fait intervenir les émotions. C'est le niveau de la fraternité et de l'amitié, même entre personnes qui ne se connaissent pas. C'est la manière d'agir d'une personne qui éprouve de la sympathie pour l'autre et qui cherche les mots justes, non pas seulement ou tant pour suivre les règles formelles de la politesse, mais pour élever l'âme d'une personne en difficulté. Bergson donne comme exemple les louanges et les paroles amicales qui peuvent produire sur l'âme de ceux qui en sont l'objet « l'effet d'un rayon de soleil qui tombe soudain sur une campagne désolée », parvenant à transformer en fruits des fleurs qui, autrement, resteraient sèches[22].

Cependant, Robin Lakoff est considérée comme le précurseur de l'étude linguistique de la politesse, car elle a été la première à examiner le phénomène sous l'angle de la pragmatique[23]. Selon la linguiste, la politesse est un système de relations interpersonnelles conçu pour faciliter

---

[21] Bergson H., *La politesse*, Paris, Payot & Rivages, 2008.
[22] Cf. Ibidem, p. 25.
[23] Cf. Mariottini, Laura, *La cortesia*, Roma, Carocci, 2007.

l'interaction en minimisant les conflits et les confrontations potentiels dans tout échange humain[24].

Richard Watts[25] rappelle que le comportement et le langage de politesse doivent être acquis, car ils ne sont pas innés chez l'être humain, mais au contraire appris à travers un processus de socialisation. D'une manière générale, deux valeurs du lexème « politesse » ont été identifiées, l'une liée à la vision qu'en ont les membres d'une communauté linguistique, basée sur leur expérience et leur bon sens, et l'autre inhérente à sa conceptualisation scientifique, en tant que phénomène social.

La première notion est dénommée par Richard Watts *first-order (im) politeness*, c'est-à-dire « the ways in which (im)polite behaviour is evaluated and commented on by lay members of a language community[26] ». La seconde rappelle l'objet de l'étude des sociologues et des linguistes pragmatistes et peut être indiquée par l'expression *second-order (im)politeness*, ossia "a theoretical term in a universal theory of politeness that refers to forms of social behaviour preserving mutually shared consideration for others[27]".

Une conceptualisation du premier type de politesse est, selon lui, nécessairement vague, puisque les locuteurs de chaque langue ont tendance à le considérer comme quelque chose d'établi ou, en tout cas, à l'évaluer en fonction de leur propre sensibilité. Il affirme que :

> most of us are fairly sure we know what we mean when we describe someone's behaviour as "polite". To define the criteria with which we apply that description, however, is not quite as easy as we might think. When people are asked what they imagine polite behaviour to be, there is a surprising amount of disagreement. In an effort to find some kind of consensus we may of course take refuge in very general statements, but our usual way out of dilemma is to resort to giving examples of behaviour which we, personally, would consider "polite"[28].

---

[24]   Cf. Lakoff R., *Talking Power: the politics of language in our lives*, Glasgow, Harper-Collinsm 1990.

[25]   Watts R. J., *Politeness*, Cambridge, Cambridge University Press, 2003, pp. 9–10.

[26]   Ibidem, p. 274.

[27]   Ibidem, p. 277.

[28]   « La plupart d'entre nous sont à peu près sûrs de savoir ce que nous voulons dire lorsque nous qualifions le comportement d'une personne de 'poli'. Définir les critères sur la base desquels nous appliquons cette description n'est toutefois pas aussi facile que nous pourrions le penser. Lorsqu'on demande aux gens ce qu'ils imaginent être un comportement poli, les désaccords sont nombreux et surprenants.

En revanche, la *second-order (im)politeness* est analysée dans une interaction verbale d'un point de vue technique, en recherchant la présence ou l'absence de certains éléments, tels que les marqueurs conversationnels, les connecteurs et les formes verbales[29]. Cela nécessite une étude de toutes les stratégies, verbales et non verbales, qui donnent lieu à des interactions sociales basées sur la coopération.

1.2 Perspectives communicatives du concept de « face »

Il est essentiel de s'attarder sur le concept de *face*, qui est fondamental pour l'étude de la politesse. L'étude de la face a été entreprise par le sociologue Erving Goffman, qui la définit comme la valeur sociale positive que chaque personne voudrait que les autres lui attribuent, en fonction de la ligne adoptée dans un contact interactif particulier[30]. Il s'agit donc d'une image de soi, qui se dessine en termes d'attributs sociaux positifs, à travers laquelle on cherche à obtenir l'approbation d'autrui. En effet, les interlocuteurs peuvent partager ou non l'image que chacun voudrait donner de lui-même. Si tel est le cas, il n'y aura pas de réactions particulièrement pertinentes; si, au contraire, l'interlocuteur perçoit notre image comme supérieure à nos attentes, le sentiment qui naîtra en nous sera celui de satisfaction et de fierté. Enfin, si, au contraire, notre image était ternie et diminuée par l'interaction, cela créerait un sentiment de frustration et de déception, entraînant un malaise. Ainsi, tout contact avec autrui implique la nécessité de s'engager dans la réussite du processus de communication engagé. En effet, chacun d'entre nous est attaché à sa propre image et souhaite qu'elle soit constamment appréciée par les autres. Or, elle peut facilement être remise en cause au cours d'une interaction. Lorsqu'un individu se conduit de manière à présenter une image

---

Pour tenter de trouver un consensus, nous pouvons bien sûr nous réfugier dans des déclarations très générales, mais notre façon habituelle de sortir du dilemme est de donner des exemples de comportements que nous considérerions personnellement comme 'polis' » (Ibidem, p. 1).

[29] Cf. Gino E., *A Critique of Politeness Theories*, Manchester, St. Jerome Publishing, 2001.

[30] Goffman E., *Les rites d'interaction*, trad. fr. par Alain Kihm, Paris, Les Éditions de Minuit, 1974. Édition originale: *Interaction Ritual*, Garden City, Doubleday, 1967.

parfaitement cohérente, on dit qu'il *garde la face*[31], car il reçoit l'approbation de ses interlocuteurs. Goffman affirme à cet égard que:

> Il est alors évident que la face n'est pas logée à l'intérieur ou à la surface de son possesseur, mais qu'elle est diffuse dans le flux des événements de la rencontre, et ne se manifeste que lorsque les participants cherchent à déchiffrer dans ces événements qui s'expriment[32].

Lorsqu'un individu ne se comporte pas d'une manière qui soit en harmonie avec sa position sociale, on dit qu'il a « fait mauvaise figure[33] », et s'il est incapable de mener une interaction conformément aux attentes de ses interlocuteurs, on dit qu'il est « fait piètre figure[34] ». Une situation dans laquelle une personne peut être exposée au risque de présenter une mauvaise face ou d'être déplacée se produit, par exemple, si elle est victime de moqueries, face auxquelles elle ne sait pas comment se comporter. Dans ces circonstances, il éprouvera de la honte et un sentiment d'infériorité par rapport aux autres. À l'inverse, un individu se sent confiant et à l'aise lorsqu'il sait qu'il est exposé avec sa propre face, c'est-à-dire qu'il se présente d'une manière conforme à la situation de communication dans laquelle il se trouve et à sa position sociale. Une autre circonstance dans laquelle il se sent sûr de lui et confiant dans ses propres capacités est déterminée lorsque les interlocuteurs, bien que croyant que la face qu'il présente est inadéquate, parviennent à le lui cacher en feignant de l'approuver.

Enfin, une autre possibilité est que l'individu, bien qu'il se sente déplacé et mal à l'aise, agisse comme si tout se passait conformément à ses attentes, réussissant ainsi à « sauver la face ». Goffman affirme que:

> dans notre société, comme dans quelques autres, l'expression « perdre la face » signifie, semble-t-il, faire mauvaise figure, faire piètre figure ou baisser la tête. L'expression « sauver la face » paraît se rapporter au processus par lequel une personne réussit à donner aux autres l'impression qu'elle n'a pas perdu la face[35].

---

[31] Cf. Ivi, p. 10.

[32] Ibidem.

[33] Ibidem, p. 11.

[34] Cf. Ibidem, p. 11.

[35] Ibidem, p. 12.

À la base de l'interaction se trouve donc une sorte d'acceptation opérationnelle entre les interlocuteurs, c'est-à-dire une acceptation mutuelle qui, bien qu'elle puisse reposer sur des éléments d'insincérité, permet de sauver la face de l'un et de l'autre, selon un processus qui permet à chacun de jouer calmement le rôle qu'il s'est choisi. En effet, considérant que l'image a une certaine fragilité en elle-même, chacun ressent non seulement de l'amour pour sa propre face, mais aussi de l'empathie envers la face d'autrui, car s'il respecte celle de son interlocuteur, il est plus probable que ce dernier décide également d'apprécier et d'évaluer positivement la sienne.

Tous les efforts déployés par un individu pour préserver sa face et éviter les incidents qui la menacent sont appelés « figuration ». À cette fin, une personne peut adopter des pratiques défensives, pour la préservation de sa propre face, et des pratiques protectrices, pour la préservation de la face d'autrui.

Autrement dit, la face a une dimension sociale considérable, puisque l'individu la reçoit de la société, mais est en même temps appelé à la lui rendre, s'il ne se montre pas à la hauteur des qualités qu'elle implique.

L'étude de Goffman a constitué la base de l'élaboration de Penelope Brown et Stephen Levinson[36], dont le modèle continue d'être considéré comme l'outil le plus élaboré sur le plan théorique et le plus connu pour analyser la politesse linguistique, à tel point que leur modèle est celui qui a le plus influencé les recherches ultérieures, de telle manière que Catherine Kerbrat-Orecchioni[37] affirme qu'il est impossible de parler de politesse linguistique sans se référer à leur théorie.

Le point de départ des deux chercheurs est que les parallèles trouvés dans l'emploi de différents langages dans différentes sociétés découlent des besoins de la face des individus. En effet, d'après eux, l'expérience montre que dans la vie de tous les jours, les locuteurs ont tendance à s'écarter des modèles de communication les plus efficaces. Interrogés sur la raison de cette apparente anomalie, Brown et Levinson concluent qu'elle réside dans la nécessité de prendre en compte les besoins du

---

[36] Brown P., Levinson S. C., *Politeness. Some Universals in Language Usage*, Cambridge UK, Cambridge University Press, 1987.

[37] Kerbrat-Orecchioni C., "A multilevel approach in the study of talk-in-interaction", *Pragmatics*, 7/1, pp. 1–20.

locuteur et de l'allocutaire, c'est-à-dire la nécessité de satisfaire les relations sociales que l'usage du langage lui-même sert à établir et à garantir.

Certains principes universels sous-jacents peuvent être trouvés dans
chaque interaction. Tout d'abord, un postulat fondamental est la rationalité[38] des individus, entendue comme la capacité de choisir et d'appliquer
les moyens les plus appropriés pour atteindre les buts que l'on s'est fixés.
L'interaction étant l'expression de relations sociales, les stratégies mises
en œuvre par les locuteurs exigent une utilisation logique et rationnelle
des gestes, des actes, des tons et des mots. Les interlocuteurs coopèrent
également par le biais de la rationalité pour identifier les inférences qui
peuvent être tirées au-delà de la signification initiale de ces gestes et de
ces mots.

Toujours selon Brown et Levinson, une autre propriété inhérente à
tous les individus prenant part à une interaction est la face[39], qui se com-
pose de deux éléments, appelés « face positive » et « face négative », qui
sont interdépendants et complémentaires. Ils soulignent que:

> central to our model is a highly abstract notion of *face* which consists of
> two specific kinds of desire (*face wants*) attributed by interactants to one
> another: the desire to be unimpeded in one's actions (*negative face*), and the
> desire (in some respects) to be approved of (*positive face*)[40].

La « face positive » coïncide avec l'image publique que l'on revendique
pour soi-même et comprend le désir d'être approuvé, compris, aimé et
même admiré par les autres. Pour la face positive, les réalisations et les
objectifs atteints au cours de l'existence sont également une source de
fierté, de même que les biens, les possessions et les propriétés acquis, de
sorte qu'elle se réjouit si ceux-ci sont jugés désirables par ses interlocuteurs. Puisqu'elle implique également le désir de se sentir intégré dans la
communauté à laquelle on appartient, un autre aspect qu'elle présente est
l'aspiration à obtenir l'approbation et le jugement positif des autres sur
ses valeurs et son comportement. S'inspirant de la métaphore des deux
pôles du champ magnétique, les linguistes soulignent que la face positive

---

[38] Ivi, p. 64.
[39] Ibidem, p. 61.
[40] « Au cœur de notre modèle se trouve une notion très abstraite de la face, qui consiste
      en deux types spécifiques de désirs (*face wants*) attribués par les interactants l'un à
      l'autre: le désir de ne pas être gêné dans ses actions (*negative face*) et le désir (à cer-
      tains égards) d'être approuvé (*positive face*) ». (Ibidem, p. 13).

tend à exercer une force d'attraction sur l'interlocuteur, le rapprochant de soi.

La « face négative » exprime l'aspiration à maintenir constamment sa liberté d'action et à ne pas être soumis à une quelconque imposition ou limitation. Elle se fonde sur le désir de maintenir intactes les limites de son propre territoire et de son autodétermination, en évitant toute intrusion dans les questions relevant de sa propre compétence. Comme le pôle négatif d'un aimant, il repousse l'interlocuteur, en évitant toute implication excessive, afin d'affirmer son autonomie.

Il s'ensuit que la face de chaque individu, constituée de ces deux classes de besoins, nécessite une attention constante, sous peine de voir ses attentes déçues, ce qui entraînerait frustration et perte. De plus, chaque locuteur n'a pas seulement à cœur l'entretien de sa propre face, entendue dans sa double valeur positive et négative, mais il est également enclin à répondre aux besoins de la face d'autrui. En effet, s'il mettait en péril l'image publique de son interlocuteur ou menaçait son désir de ne pas être imposé, ce dernier serait vraisemblablement enclin, pour se défendre, à contre-attaquer, faisant peser une menace sur le premier. Les deux aspects de la face s'avèrent fondamentaux dans l'identification de l'identité sociale.

Dans chaque culture, certains aspects peuvent changer, comme les limites du territoire personnel ou les sujets dont on souhaite recevoir l'approbation, mais la face reste un concept universel, propre à l'humanité; les types d'actes qui la menacent et les stratégies pour la défendre peuvent également varier. Il s'ensuit que lorsque deux individus appartenant à des communautés différentes entament une interaction, le succès de la conversation peut être compromis si leurs attentes de ce qui est approprié et de ce qui ne l'est pas coïncident.

Revenant sur les caractéristiques générales de la face, Ronald Scollon et Suzanne Wong Scollon[41] soulignent qu'il s'agit d'une image négociée, que les participants à l'interaction s'attribuent mutuellement. En effet, chaque individu, au moment même où il entame une conversation, émet une série de suppositions sur le type de personne avec laquelle il interagit et sur le type d'image qu'il aimerait se voir attribuer, afin de réduire toute possibilité de malentendu et d'ambiguïté[42]. Une attention particulière

---

[41] Scollon R., Scollon S. W., *Intercultural Communication*, Oxford UK/Cambridge USA, Blackwell, 2001.
[42] Ibidem, pp. 44–46.

doit donc être accordée à l'évaluation du statut ou de la tranche d'âge de l'interlocuteur, afin de faire les choix linguistiques les plus appropriés, en étant plus ou moins formel selon les circonstances. Toutefois, grâce à des stratégies appropriées, on peut se rapprocher ou s'éloigner de la personne en face de soi, en exploitant les deux tendances opposées de la face, à savoir la co-participation et l'indépendance, qui, de toute façon, doivent toujours être présentes, à un degré plus ou moins élevé, dans tout acte de communication[43].

Les actes menaçant la face ou *Face Threatening Acts* (FTA) sont ceux qui contiennent, par leur nature même, une menace intrinsèque pour la face négative ou positive de l'énonciateur ou de l'allocuteur. Un même acte, verbal ou non verbal, peut toutefois menacer plus d'un interlocuteur ou plus d'une face.

Les *actes de communication qui menacent la face positive du destinataire* sont ceux dans lesquels le locuteur se désintéresse de lui, ne se souciant pas de répondre à ses besoins ou de comprendre ses sentiments. Ce groupe comprend également les expressions de reproche et de blâme, de critique et d'accusation. D'autres exemples sont: les actes de vantardise et d'exaltation de sa propre image, qui jettent implicitement une ombre sur celle de l'interlocuteur, qui peut se sentir inférieur à la personne en face de lui; l'utilisation d'épithètes irrévérencieuses qui, basées sur la moquerie, visent à ridiculiser le destinataire; les accès de colère et les gestes violents, qui provoquent la peur, la gêne et l'embarras; le choix d'introduire des sujets tabous qui peuvent donner à l'interlocuteur l'impression de ne pas être à sa place; le traitement de sujets sur lesquels il est impossible de parvenir à un accord, tels que, par exemple, la religion et la politique; les mauvaises nouvelles concernant quelque chose qui blesse l'interlocuteur ou qui donne une mauvaise image de lui; les actes qui soulignent un manque évident d'intérêt à travailler ensemble pour atteindre un objectif commun.

Les *actes de communication qui menacent la face négative du destinataire* sont ceux qui mettent en danger sa liberté et son indépendance. Ce groupe comprend les actes impératifs, qui visent à obliger l'interlocuteur à agir, comme, par exemple, les demandes, les suggestions, les avertissements, jusqu'aux ordres et aux menaces. D'autres exemples sont, au contraire, tous les actes linguistiques qui expriment une admiration

---

[43]   Ivi, pp. 46–48.

exagérée pour quelque chose qui appartient au destinataire, car le fait que le locuteur désire fortement ce qui appartient à l'autre peut inciter ce dernier à lutter pour protéger l'objet litigieux des visées du premier ou, au contraire, peut l'inciter, bien qu'involontairement, à en faire don. Ce deuxième groupe comprend donc les expressions d'admiration et d'envie, les compliments et les expressions de sentiments négatifs à l'égard de l'auditeur. Enfin, un dernier cas de menace de la face négative du destinataire se produit lorsque le locuteur prédit une certaine action à son égard, le mettant en position de faire un choix. En effet, face à des offres et des promesses, il peut se sentir obligé d'accepter et, par conséquent, de remercier et d'être reconnaissant, contractant ainsi une dette envers le locuteur. Si, au contraire, il préfère refuser, il se trouvera dans la situation de devoir élaborer une justification de sa décision.

Les actes linguistiques qui menacent la face positive du locuteur sont, entre autres, les excuses, dans lesquelles on est amené à admettre avoir fait quelque chose de mal, la reconnaissance de la culpabilité et de la responsabilité d'un acte que l'on a commis, et les demandes de pardon. Ce groupe comprend également l'humiliation de soi et le fait de tomber dans la contradiction, c'est-à-dire les circonstances dans lesquelles on prouve que l'on n'est pas à la hauteur de la situation ou de la conversation. Même l'acceptation d'un compliment peut constituer une menace pour la face, car on peut être incité à rendre la pareille à celui qui l'a déjà fait ou, au contraire, on peut ressentir le besoin de minimiser les bonnes choses dites par l'interlocuteur, afin d'éviter des situations embarrassantes ou déséquilibrantes. En outre, les actes menaçants non verbaux qui entrent dans cette catégorie comprennent la perte de contrôle du corps, comme le fait de glisser ou de trébucher, et les réactions émotionnelles exagérées, comme le fait de pleurer ou de rire bruyamment.

Parmi les *actes qui menacent la face négative du locuteur*, on peut citer l'acceptation d'une offre, qui peut entraîner l'apparition d'une dette réelle ou d'une dette de reconnaissance; les remerciements, qui peuvent entraîner une humiliation à l'égard de l'autre partie, qui a conféré un avantage de quelque nature que ce soit; la formulation d'excuses pour justifier son comportement, surtout s'il a été blâmé auparavant par l'autre partie; l'acceptation des excuses de l'autre partie dans l'interaction, car on peut se sentir obligé de minimiser ce que l'autre partie a fait à notre détriment; accepter les remerciements, car on peut se sentir obligé de minimiser ce que l'autre a fait au profit de l'autre, afin de rétablir une situation d'égalité entre les parties; faire des offres ou des promesses, où l'on s'engage à faire quelque chose contre son gré, car dans ce cas on autolimite sa propre liberté d'action; répondre à une gaffe ou à une erreur de l'autre partie, car on peut se sentir obligé de minimiser ce que l'autre partie a dit ou fait afin de ne pas attaquer sa face positive. De cette manière, on choisit de mettre de côté ses propres besoins et attentes, ce qui conduit à la déception et à la frustration.

Selon le modèle de Brown et Levinson[44], lorsque le locuteur ressent le besoin d'effectuer un acte de menace à la face afin d'atteindre ses objectifs de communication, il a le choix entre quatre possibilités, à savoir: se montrer *bald on record*, utiliser le mode *on record* en prêtant attention à la politesse positive, utiliser le mode *on record* en prêtant attention à la politesse négative, se montrer *off record*. Afin de voir les catégories présentées, nous reproduisons le schéma de Brown et Levinson[45], dans lequel les différentes façons dont l'acte de menacer la face peut être effectué sont énumérées, en les numérotant progressivement de 1 à 4, de l'agression la plus forte à l'agression la moins forte:

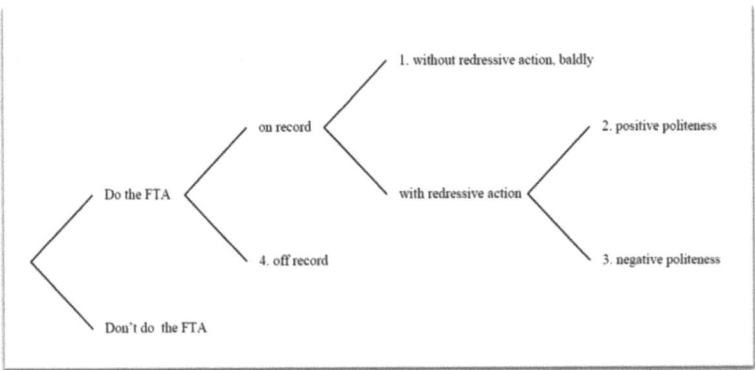

Fig. 1 - Modes dont l'acte de menacer la face peut être exécuté selon Brown et Levinson

On parle de mode *bald on record*[46] lorsqu'on décide d'accomplir l'acte linguistique le plus directement possible, sans recourir à aucune forme

---

44   Brown P., Levinson S. C., Politeness. Some Universals in Language Usage, cit., pp. 68–227.
45   Ibidem, p. 69.
46   Ibidem, pp. 94–100.

d'atténuation. Dans ce cas, il existe des similitudes évidentes avec le modèle de communication décrit par Grice[47] qui, dans son système de maximes, propose un type d'interaction explicite et qui va droit au but, sans mâcher ses mots. Selon la maxime de qualité, le type d'acte linguistique visé par Grice doit avant tout être caractérisé par la sincérité; selon la maxime de relation, il doit être pertinent; en ce qui concerne la maxime de manière, il doit avoir pour principal attribut la clarté; et en ce qui concerne la maxime de quantité, il doit contenir une quantité d'informations qui n'est ni supérieure ni inférieure à ce qui est nécessaire. De même, selon le modèle de Brown et Levinson, lorsque le locuteur choisit le mode *bald on record*, il s'exprime sans aucune forme de médiation, en procédant de la manière la plus expéditive possible. Cependant, précisément pour cette raison, le locuteur peut courir le risque de ternir l'image de la personne en face de lui, de blesser ses sentiments, de frustrer ses attentes et, par conséquent, de paraître brusque et impoli. Il s'ensuit que les interlocuteurs utilisent rarement ce mode, sauf si certaines conditions sont réunies, comme, par exemple, l'existence d'une situation d'urgence. Dans ce cas, poussé par la nécessité de tirer la sonnette d'alarme ou d'avertir du risque d'un danger imminent, on peut laisser de côté les scrupules inhérents à la nécessité d'utiliser un langage poli et s'exprimer de manière directe (par exemple: *Au secours!*). Un autre cas où les formes directes, comme l'impératif, peuvent être utilisées est celui où l'acte qui, en théorie, pourrait menacer la face de l'interlocuteur, lui profite en réalité, comme lorsqu'on invite quelqu'un à s'asseoir, à entrer dans une pièce, à se servir à boire ou à manger (par exemple: *Entre, je ne suis pas occupé* ou *Prends un peu plus de gâteau*). Un autre exemple de modalité *bald-on-record* est celui où la menace posée par l'acte de communication est en soi minime ou totalement inexistante, comme lorsque des formules conventionnelles stéréotypées sont utilisées (par exemple: *Envoie-moi une carte postale*). Enfin, un dernier cas qui peut être mentionné est celui où le locuteur a un « pouvoir » supérieur à celui de l'interlocuteur, de sorte qu'il n'est pas possible que ce dernier lui en veuille ou adopte une attitude de reproche à son égard (ex. dit par une mère à son fils: *À l'avenir, tu devras m'écouter davantage*). En général, dans tout acte de communication, le

---

[47]   Grice P. H., "Logic and Conversation", *Syntax and Semantics*, Vol. 3, Speech Acts, sous la direction de Cole P., Morgan J. L., New York, Academic Press, 1975, pp. 41–58.

locuteur aura tendance à recourir à une série d'expédients linguistiques afin d'atteindre ses objectifs sans blesser personne.

Avant d'analyser les trois modes restants du schéma de Brown et Levinson, il semble toutefois opportun d'expliquer ce que l'on entend par *politesse positive* et *politesse négative* et en quoi consistent les stratégies de réparation. Tout d'abord, ces dernières sont les outils qui permettent au locuteur de formuler un énoncé potentiellement dangereux pour son image ou celle de son interlocuteur, compensant finalement, du moins en partie, les risques que comportent les actes menaçant la face. En effet, lorsque l'on ressent l'urgence de solliciter une faveur, de passer un ordre ou de demander un service dont on a besoin, il est nécessaire de rechercher un équilibre entre les exigences de son image publique et la nécessité d'atteindre ses objectifs. Étant donné que différentes forces opposées entrent en jeu, les actes performatifs manifestes sont rarement utilisés, car le recours à des expédients kinésiques et à des stratégies linguistiques, qui atténuent une menace éventuelle[48], est beaucoup plus utile pour instaurer un climat de collaboration. Le terme de politesse fait référence à l'ensemble des stratégies qui permettent de préserver la face de toutes les personnes impliquées dans une interaction. En particulier, lorsque ces tactiques visent à créer un climat de solidarité et d'empathie envers l'interlocuteur, on parle de politesse positive. Lorsque, en revanche, elles visent à éviter ou à atténuer un *Face Threatening Act*, susceptible d'affecter la face négative, on parle de *politesse négative*.

Les stratégies de politesse sont donc les plans mis en œuvre pour atteindre un certain résultat communicatif, c'est-à-dire les moyens de réaliser nos objectifs et nos désirs[49]. Il ne s'agit pas nécessairement de stratégies conscientes, mais, au contraire, dans la plupart des cas, les interlocuteurs ne s'arrêtent pas pour réfléchir à celle qui est la plus appropriée à adopter et elles sont automatiquement appliquées à un niveau inconscient. En revanche, lorsqu'un acteur tente d'en manipuler un autre ou lorsqu'une erreur ou un problème survient au cours de la communication et doit être résolu, ces stratégies sont utilisées à un niveau conscient.

Pour en revenir aux modalités *on-record* du modèle de Brown et Levinson, il convient de souligner que l'action qui montre une attention à la politesse positive implique la nécessité de recourir à toute une série de

---

[48]   Brown P., Levinson S. C., cit., p. 57.
[49]   Ibidem, p. 68.

stratégies pour défendre la face positive, tandis que l'action qui montre une attention à la politesse négative fait appel à des stratégies pour défendre la face négative. Il faut également souligner que de nombreuses stratégies qui se réfèrent à l'une des deux politesses sont en conflit avec celles inhérentes à l'autre, ce qui témoigne du fait qu'une sorte d'antagonisme se crée souvent entre elles. Seule une évaluation au cas par cas permet de choisir les plus appropriées à appliquer dans un contexte donné.

En ce qui concerne le mode *on-record*, l'acte de menace à la face est accompagné de stratégies de réparation orientées vers une politesse positive, qui indique que le locuteur a au moins en partie à cœur les mêmes désirs et besoins que l'auditeur; de cette façon, il est rassuré sur le fait que personne n'a l'intention de détruire son image positive, qui, au contraire, est indiquée comme un objet d'estime et d'appréciation. La personne en question est donc traitée comme un ami et un membre du groupe auquel appartient l'expéditeur du message, une personne dont les caractéristiques sont bien connues et acceptées. Les stratégies de politesse positive visent à mettre l'accent sur toutes les caractéristiques que nous avons en commun avec notre interlocuteur, en soulignant notre disposition à la coopération. Il s'ensuit qu'elles prescrivent, entre autres, ce qui suit:

- le besoin de s'attarder sur les intérêts, les goûts, les possessions, les aspirations de l'interlocuteur;
- le besoin de montrer son approbation à l'interlocuteur, même si cela implique une exagération évidente. Par exemple, l'utilisation de traits prosodiques, tels que la bonne intonation emphatique ou l'utilisation d'expressions telles que *sûrement, certainement, absolument*, etc.;
- l'emploi de toutes les particules qui soulignent l'identité du groupe, comme, par exemple, le choix de *tu* au lieu de *vous*, l'utilisation de vocatifs tels que *cher/chère*, l'utilisation du dialecte ou d'une langue caractéristique du groupe en question ou, dans le cas d'une communauté dans laquelle coexistent différents groupes ethniques, l'utilisation de la langue de l'autre;
- la recherche d'un accord et la nécessité de mettre le désaccord de côté. Cela peut se faire, par exemple, en proposant des sujets « sûrs », qui ne peuvent pas créer de frictions et qui facilitent la possibilité de se mettre d'accord avec l'interlocuteur. On peut par exemple choisir de parler du temps qu'il fait, de la circulation, etc. En ce qui concerne la nécessité d'éviter les désaccords, une stratégie

consiste à rester délibérément vague quant à son opinion afin de ne pas être obligé de s'exposer;

- l'utilisation de la plaisanterie comme moment pour souligner l'appartenance commune à un groupe;

- la reconnaissance explicite de l'attention que l'on porte aux besoins de l'interlocuteur, par exemple en avançant des offres et des promesses;

- être optimiste quant à la volonté de notre interlocuteur de satisfaire nos besoins, par exemple en minimisant l'étendue de notre demande et en faisant référence à la coopération mutuelle qui nous lie tous les deux (par exemple, *Je suis sûr que ça ne te dérange pas si je prends le livre*);

- en offrant des cadeaux à notre interlocuteur, qu'il s'agisse de biens matériels, de coopération, de compréhension ou de solidarité.

En ce qui concerne le mode d'enregistrement de la politesse négative, ce dernier vise à maintenir la face négative de l'interlocuteur, en le rassurant sur le fait que l'on n'a pas l'intention de restreindre sa liberté ou que, en tout état de cause, cette restriction sera réduite au minimum. Autant la politesse positive est typique d'un comportement familier et enjoué, autant la politesse négative est, au contraire, révélatrice d'un comportement extrêmement respectueux. Alors que la première ne vise pas nécessairement à aborder des aspects spécifiques de l'acte qui menace la face, mais peut, au contraire, s'étendre en proposant différents sujets de discussion pour créer une atmosphère détendue, la politesse négative est spécifique et a un champ d'application plus étroit. En outre, alors que le premier type de politesse vise à réduire la distance sociale, le second type l'accentue. Certains des expédients permettant d'atténuer les actes qui menacent la face négative[50] sont, par exemple, les suivants:

- s'excuser d'entraver la liberté d'action de l'interlocuteur (ex.: *Désolé de vous déranger...*);

- utiliser les formes passives, impersonnelles et indéfinies qui, en dépersonnalisant l'acte, mettent une certaine distance entre celui-ci et les deux interlocuteurs (ex: *Il est nécessaire que... ou Il semble que...*);

---

[50]   Brown P., Levinson S. C., Politeness. Some Universals in Language Usage, cit., pp. 129–210.

- utiliser la déférence linguistique et non linguistique, par exemple par l'utilisation d'appellations honorifiques et de pronoms de courtoisie (ex.: *vous*);
- être pessimiste quant à la possibilité ou à la volonté de l'auditeur d'accepter ce qui est demandé; de cette manière, s'il refuse réellement d'aider, la menace pour les deux parties sera moindre (ex.: *Je ne peux probablement pas…*);
- éviter de se laisser aller à des prédictions sur les besoins de l'interlocuteur;
- communiquer explicitement notre refus de nous imposer à l'interlocuteur ou notre réticence à le faire (par exemple, *Je ne veux pas vous déranger* ou *J'espère que cela ne vous dérange pas trop*);
- justifier par de multiples raisons l'acte qui menace la face de l'interlocuteur, en soulignant qu'il était inévitable (ex: *Je ne vois personne qui puisse…*);
- se distancier de l'imposition en évitant l'utilisation de pronoms et en présentant l'acte lui-même comme une obligation générale (ex.: *Les déchets doivent être enlevés*);
- signaler que l'on contracte une dette envers l'interlocuteur, en soulignant notre gratitude (ex: *Je te serais éternellement reconnaissant si…* ou *Je ne pourrais jamais te remercier autant*).

Toutes ces stratégies et d'autres encore permettent à l'interlocuteur de disposer d'une échappatoire pour sauver la face et ne pas se sentir obligé d'accéder à la demande de l'énonciateur. Une stratégie souvent utilisée est le choix d'être indirect de manière conventionnelle: on choisit ainsi de s'exprimer publiquement, en ce sens que l'interlocuteur ne peut pas ne pas comprendre ce que l'on attend de lui, mais en même temps, on atténue l'imposition. Par exemple, dans une phrase comme *Pourrais-tu me passer le sel?* l'allocutaire ne peut pas ne pas comprendre que la question ne vise pas à vérifier la capacité de l'interlocuteur à accomplir l'acte, mais à accomplir l'action correspondant à l'ordre *Passe le sel*, beaucoup plus abrupt. Ainsi, une phrase qui était à l'origine *off record* se transforme, par un processus de conventionnalisation, en une phrase *on record* à part entière.

Enfin, le mode *off-record*[51] laisse la possibilité à l'auditeur de choisir de s'arrêter à l'aspect le plus superficiel de ce qui est dit, en faisant semblant

---

[51]   Ivi, pp. 211–227.

de ne pas avoir compris le véritable objectif du locuteur. Cela préserve la face négative de l'interlocuteur et la face positive de celui qui conduit l'interaction, puisque ce dernier peut lui aussi, le cas échéant, jouer sur l'ambiguïté et prétendre que l'autre l'a mal compris. En effet, le sens de ce qui est dit est négociable.

Ce groupe comprend :

- les allusions indirectes comme *il fait chaud ici* pour signifier *ouvre la fenêtre*;
- les indices déchiffrables par association. Ce cas est similaire au précédent, à la seule différence que l'on s'appuie sur une connaissance commune des deux interlocuteurs, sans laquelle l'allocutaire ne comprendrait pas ce dont l'autre a besoin. Par exemple, une phrase comme *J'ai encore mal à la tête* pour inciter l'allocutaire à nous faire un thé chaud, seul moyen, d'après ce que l'autre sait de nous, de faire disparaître notre douleur physique;
- utilisation de tautologies (*La guerre est la guerre*), d'ironie (*Ce n'est pas exactement mon idée de la propreté*), de métaphores, de questions rhétoriques (*Comment aurais-je pu imaginer cela?*), de généralisations (*Celui qui rit le dernier rit le mieux*), d'omissions et d'ellipses (*Eh bien, puisque je ne t'ai pas vu…*);
- l'utilisation d'éléments contradictoires dans une même phrase, comme l'expression « oui et non »;
- les ambiguïtés d'expression (ex: *Xavier est un cuisinier accompli*, où « accompli » peut être interprété à la fois comme un compliment et une insulte).

Enfin, il convient de mentionner qu'en plus des quatre possibilités de gestion de la crise décrites ci-dessus (mode dégarni sur enregistrement, sur enregistrement avec attention à la politesse affichée, sur enregistrement avec des stratégies relatives à la politesse négative et hors enregistrement), il existe une autre option. En effet, lorsque la menace à la face de l'un des interlocuteurs est jugée excessive dans l'évaluation coût-bénéfice, le locuteur peut même envisager de ne pas effectuer l'acte de menace à la face, en renonçant à la poursuite de ses objectifs.

Pour évaluer la meilleure stratégie à adopter dans un contexte donné afin d'atteindre ses objectifs de communication sans menacer la face de qui que ce soit ou, à tout le moins, en limitant les dégâts, trois variables sociologiques doivent être prises en compte selon Brown et Levinson[52] :

1) la *Distance sociale* entre les interlocuteurs, indiquée par la lettre « D », de l'anglais *Distance*;
2) le *Pouvoir relatif* du locuteur et de l'auditeur respectivement, indiqué par la lettre « P », de l'anglais *Power*;
3) le *Degré absolu d'imposition* dans une culture donnée, indiqué par la lettre « R », de l'anglais *Ranking*.

La distance renvoie au degré de confiance ou, au contraire, d'éloignement entre les interlocuteurs, de sorte que la relation qu'elle établit est symétrique. Le pouvoir indique qu'il y a un « membre dominant » dans l'interaction par rapport aux autres, de sorte que la relation établie est asymétrique. Enfin, il convient de noter que le degré d'imposition doit toujours être évalué en fonction de la culture étudiée, car ce qui peut contenir un degré élevé d'imposition dans une société peut en contenir un minimum dans une autre, comme l'ont montré de nombreuses études comparatives entre les pays occidentaux et orientaux[53].

En tout état de cause, le degré de menace pour la face présente dans un acte linguistique est calculé par la somme des trois variables énumérées; à leur tour, elles ne sont pas absolues, ni relatives aux seuls individus participant à une interaction, mais sont plutôt évaluées en fonction du rôle que chaque interlocuteur assume dans un contexte donné, des facteurs situationnels impliqués et du type spécifique de *Face Threatening Act* qui se produit. Pour illustrer cela, on peut citer trois exemples de Brown et Levinson.

La première concerne la variable D: si deux Américains qui ne se connaissent pas se rencontrent dans les rues de New York et que, pour une raison ou une autre, ils entament une interaction, ils feront preuve de beaucoup de formalité et de circonspection, au point de recourir à un certain nombre de stratégies de politesse négative, ce qui peut s'expliquer

---

[52] Brown P., Levinson S. C., Politeness. Some Universals in Language Usage, cit., p. 76.

[53] Voir: Hendry J., *Wrapping Culture: Politeness, Presentation and Power in Japan and Other Societies*, Oxford, Clarendon Press, 1995; Scollon R., Scollon S. Wong, cit., 2001; Lakoff R. T., Sachiko I. (eds.), *Broadening the Horizon of Linguistic Politeness*, Amsterdam, Benjamins, 2005; Watts R. J., Sachiko I., Konrad E. (eds), *Politeness in Language. Studies in Its History, Theory and Practice*, second edition, Berlin/New York, Mouton de Gruyter, 2005.

par la distance considérable qui les sépare. En revanche, si les mêmes Américains se rencontrent dans un pays étranger éloigné des États-Unis, par exemple dans un pays de l'Est, ils utiliseront abondamment la politesse positive et la familiarité, car il y aura entre eux une solidarité remarquable due au fait même d'être de la même nationalité dans un endroit si éloigné de chez eux, où il n'est pas facile de rencontrer un concitoyen[54].

De même, le fait que le pouvoir est relatif peut être démontré en prenant l'exemple de deux interlocuteurs exerçant deux professions différentes qui se rencontrent et parlent à tour de rôle de sujets relevant des compétences de l'un et de l'autre: chacun aura plus de pouvoir selon qu'il est plus expert que l'autre sur un sujet donné, c'est-à-dire selon qu'il est la personne qui a besoin de conseils ou d'explications ou celle qui est indiquée pour les fournir. Ainsi, lorsque le premier interlocuteur parle de son propre sujet, il sera en position de pouvoir par rapport à l'autre, alors que lorsque, au cours de la même interaction, le sujet se déplace vers celui du second interlocuteur, c'est ce dernier qui occupera une position de pouvoir[55].

Enfin, en ce qui concerne le degré d'imposition, l'exemple cité par Brown et Levinson propose le cas d'une personne qui tente d'obtenir quelques pièces de monnaie auprès de passants afin de passer un appel téléphonique. Là encore, le contexte est significatif, car si cette personne demande de l'argent devant une cabine téléphonique, son action impliquera moins de menace que la même demande faite au milieu de n'importe quelle rue sans raison apparente[56].

Il ressort des trois cas présentés que dans l'étude des variables P, D et R, le contexte est crucial. En effet, l'énonciateur d'un message tentera d'assumer le moins de risque possible lorsque la distance avec son interlocuteur est considérable (par exemple, lorsque ce dernier est un étranger), lorsque ce dernier dispose d'un pouvoir supérieur au sien (par exemple, son employeur) ou lorsque le degré d'imposition est élevé (par exemple, la demande d'une faveur exigeant un effort particulier ou une limitation considérable de la liberté de l'interlocuteur).

En ce qui concerne la variable Pouvoir, si deux interlocuteurs utilisent tous deux la politesse positive ou la politesse négative, cela indiquera très

---

[54] Brown P., Levinson S. C., Politeness. Some Universals in Language Usage, cit., p. 79.

[55] Cf. Ibidem.

[56] Cf. Ibidem.

probablement qu'ils se considèrent comme égaux, autrement dit, qu'ils ne perçoivent pas de différence de pouvoir. Inversement, si l'un des deux utilise des stratégies de politesse positive et l'autre des stratégies de politesse négative, on en déduira que ce dernier est susceptible de reconnaître une supériorité de pouvoir à son interlocuteur.

D'une manière générale, la théorie proposée par Brown et Levinson a fait l'objet de nombreuses critiques depuis sa publication, l'application universelle du modèle paraissant d'emblée discutable. Les plus grandes critiques proviennent d'études empiriques dans lesquelles les notions de personne, d'image sociale, de politesse et de menace sont remises en question. En particulier, les études de Matsumoto[57] (1988), Ide[58] (1989), Gu[59] (1990) et Mao[60] (1994) abordent la relation entre l'image sociale et la politesse linguistique du point de vue de langues et cultures non occidentales, comme le chinois ou le japonais, et démontrent l'invalidité des postulats de base du modèle. En outre, la critique la plus radicale[61] de l'approche théorique de Brown et Levinson provient d'un courant d'études qui soutient que l'évaluation d'un acte linguistique comme poli ou impoli ne peut se faire qu'à partir d'une interaction individuelle au sein des pratiques discursives d'un groupe social[62]. Il faut donc tenir compte de l'ensemble de la situation de communication dont dépend l'interprétation d'un comportement particulier[63].

La politesse n'est donc pas intrinsèque à un énoncé plutôt qu'à un autre, mais elle est négociée dans le discours, de sorte que l'accent

---

[57] Matsumoto Y., "Reexamination of the universality of face: politeness phenomena in Japanese", *Journal of Pragmatics*, 12, 1988, pp. 403–426.

[58] Ide S., "Formal forms and discernment: two neglected aspects of universals of linguistic politeness", *Multilingua*, 8, 1989, pp. 223–248.

[59] Gu Y., "Politeness phenomena in Modern Chinese", *Journal of Pragmatics*, 14, 1990, pp. 237–257.

[60] Mao L. R., "Beyond politeness theory: 'face' revisited and renewed, *Journal of Pragmatics*, 21, 1994, pp. 451–486.

[61] Cf. Mazzotta P., "Il ruolo della cortesia nella formazione della competenza interculturale", *Studi di Glottodidattica*, 4, 2007, pp. 71–89.

[62] Cf. Eelen G., *A Critique of Politeness Theories*, Manchester, St. Jerome, 2001; Watts R., *Politeness*, Cambridge, Cambridge University Press, 2003; Mills S., *Gender and Politeness*, Cambridge, Cambridge University Press, 2003.

[63] Cf. Mills S., "Rethinking Politeness, Impoliteness and Gender", in Litosseliti, L., Sunderland, J. (a cura di), *Gender Identity and Discourse Analysis*, Benjamins, Amsterdam-Philadelphia, 2002.

doit être déplacé du micro-niveau de l'acte linguistique (sur lequel se concentre le modèle de Brown et Levinson) au macro-niveau du processus conversationnel[64]. Dans cette perspective, la définition « populaire » de la politesse, ou *first-order politeness*, qui consiste en « the various ways in which polite behaviour is perceived and talked about by members of sociocultural groups », ne peut être négligée, mais ne doit pas non plus être confondue avec l'interprétation technique donnée par les spécialistes, ou *second-order politeness*, comme c'est parfois le cas[65]. L'adoption, comme point de départ, du sens commun de la politesse conduit, par conséquent, au rejet du principe gricéen de coopération et à la conceptualisation de la *politeness* comme une inférence liée au contexte.

Cependant, le modèle théorique de la politesse linguistique élaboré par Brown et Levinson constitue pour la linguiste française Kerbrat-Orecchioni un point de départ pour la partie des « Interactions verbales[66] » consacrée à la politesse.

1.3 La politesse dans l'espace francophone : le modèle de Kerbrat-Orecchioni

Les aspects théoriques de la politesse et leur application dans la langue française ont été étudiés par Catherine Kerbrat-Orecchioni dans son ouvrage *Interactions verbales* (tomes I, II, III) et dans *La conversation*[67]. Elle reprend et réorganise le modèle des règles de politesse proposé par Brown et Levinson, en se concentrant en particulier sur le caractère de norme sociale de la politesse[68], et sur ses aspects positifs (gentillesse) et négatifs (respect du territoire et de la face de l'autre).

---

[64] Cf. Mills S., *Gender and Politeness*, cit.

[65] Watts R., Ide S., Ehlich K., "Introduction", in Watts R., Ide S., Ehlich K. (eds.), *Politeness in Language. Studies in its History, Theory and Practice*, Berlin, Mouton de Gruyter, 1992, p. 3.

[66] Kerbrat-Orecchioni C., *Les interactions verbales*, tome I, II, III, Paris, Armand Colin, 1990, 1992, 1994.

[67] Kerbrat-Orecchioni C., *La conversation*, Paris, Seuil, 1996.

[68] Cf. Enache C., Popa G., "Théories linguistiques dans le domaine de la politesse", in *Limbi, culturi și civilizații europene în contact. Perspective istorice și contemporane* (Al Cincilea simpozion internaţional - 1-2 Noiembrie 2008), Târgovite - Primul anunţ, 2008, pp. 337–342 (URL: https://www.yumpu.com/fr/document/read/12159198/theories-linguistiques-dans-le-domaine-de-la-politesse).

Kerbrat-Orecchioni[69] donne sa propre définition de la politesse: « l'ensemble des procédés conventionnels ayant pour fonction de préserver le caractère harmonieux de la relation interpersonnelle, en dépit des risques de friction qu'implique toute rencontre sociale ». Cela signifie que le langage doit utiliser des stratégies de politesse pour éviter des problèmes ou des malentendus entre interlocuteurs, ainsi que tenter de favoriser les relations cordiales et de compréhension entre individus.

Au modèle de Brown et Levinson, elle ajoute les *actes flatteurs pour la face de l'allocutaire* ou *Face Flattering Acts* (FFA), ce qui implique une nouvelle définition des paramètres de la politesse:

- *politesse négative* : politesse de nature abstentionniste ou à défaut compensatoire, qui consiste à éviter de produire des FTAs ou à les adoucir. Il s'agit d'éviter de donner à l'allocutaire des ordres brutaux, et aussi de s'abstenir de lui faire des remarques désobligeantes, de lui adresser des critiques trop acerbes, des réfutations trop radicales, des reproches trop violents. Autrement dit, d'épargner le narcissisme de son allocutaire. Les actes menaçants pour la face négative de l'allocutaire sont donc essentiellement des actes dits « directifs »: ordre, requête, interdiction, suggestion, les interruptions et les agressions visuelles et sonores ;
- *politesse positive* : politesse à caractère productif, qui consiste à valoriser l'autre en lui adressant des FFAs renforcés ou hyperbolisés. De fait, il s'agit de produire des anti-menaces FFA envers les faces négative et positive de l'allocutaire.

À cet égard, elle explique que :

Tout acte de langage peut ainsi être décrit comme un FTA, un FFA, ou un complexe de ces deux composantes. Corrélativement, deux formes de politesse peuvent être distinguées sur cette base : la politesse négative, qui consiste à éviter de produire un FTA, ou à en adoucir par quelque procédé la réalisation (c'est une manière de dire à l'autre "je ne te veux pas de mal"); et la politesse positive, qui consiste à accomplir quelque FFA, de préférence renforcé (c'est une manière de dire à l'autre "je te veux du bien") . En résumé, la politesse ainsi conçue peut donc être décrite comme l'ensemble des procédés ayant pour fonction de ménager ou de valoriser les faces d'autrui (sans pour autant mettre excessivement en péril ses propres faces),

---

[69] Kerbrat-Orecchioni C., *Le discours en interaction*, Paris, Armand Colin, 2005, p. 189.

afin de préserver l'"ordre de l'interaction" (pour reprendre l'expression de Goffman, 1983, dont les travaux ont bien évidemment inspiré la théorie brown-levinsonnienne)[70].

Or, Kerbrat-Orecchioni présente son propre système de politesse[71], qui s'organise autour de ces trois axes avec les principes *A-orientés* et *L-orientés*, qu'on peut organiser comme suit:

I) Principes A-orientés: ils sont tous favorables à A

    (1) Politesse négative:

        Evitez ou atténuez les menaces envers les faces de A

        a)   la face négative de A

        b)   la face positive de A

    (2) Politesse positive

        Produisez des anti-menaces envers les faces de A

        a)   la face négative de A

        b)   la face positive de A

II) Principe L-orientés: on y rencontre non seulement des consignes favorables à L mais aussi des règles qui lui sont défavorables (du type: soyez modeste) d'où la nécessité d'établir sous cette rubrique une distinction supplémentaire:

    A) Principes qui jouent en faveur de L

        (1) Versant négatif Arrangez-vous pour ne pas perdre trop ostensiblement vos faces

           a) négative

           b) positive

        (2) Versant positif: pas de principes correspondants

    B) Principes qui jouent en la défaveur de L

        (1) Versant négatif

           Evitez ou atténuez les anti-menaces envers vos faces

           a) négative

           b) positive

---

[70] Kerbrat-Orecchioni C., « (Im)politesse et gestion des faces dans deux types de situations communicatives: petits commerces et débats électoraux », *soprag*, 2(2), 2014, pp. 293–326.

[71] Kerbrat-Orecchioni C., *Les interactions verbales*, tome II, cit., p. 184.

(2) Versant positif

Produisez des menaces envers vos faces.

a) négative

b) positive

Dans ce schéma, les principes généraux (au nombre de cinq) forment ce que la linguiste appelle le « système de la politesse ». Il s'agit d'une sorte de synthèse des modèles de Brown et Levinson et de Geoffrey Leech[72].

Les principes A-orienté représentent la politesse au sens strict ; de fait, avec ses deux versants, négatif et positif, elle consiste à ménager ou valoriser les faces d'autrui.

Le schéma fait apparaître en outre que les principes II comportent des principes « favorables à L » (que Kerbrat-Orecchioni indique « de dignité » et « d'autodéfense », car ils invitent à protéger ses propres faces négative et positive) et des principes « défavorables à L », à savoir des principes « masochistes » qui, d'après elle, entrent en contradiction avec les précédents et cette contradiction est diversement gérée selon les situations de communication, les individus et les sociétés.

La maxime de modestie regroupe les principes II-B-(l) et II-(2)-b, selon lesquels, il faut éviter ou minimiser les anti-menaces contre sa propre face positive ; autrement dit, il ne faut pas se glorifier soi-même.

De plus, selon Kerbrat-Orecchioni[73] il existe deux conceptions opposées du fonctionnement des interactions humaines:

— pour les « *optimistes de la communication* », c'est l'harmonie qui est la règle: le dialogue est un processus foncièrement coopératif, qui vise à l'instauration d'un consensus, voire une fusion entre les interactants, chacun cherchant humblement à apporter sa pierre (« sa contribution ») à l'édifice construit en commun ;

— pour les « *pessimistes de la communication* », c'est au contraire le conflit qui prédomine: tout dialogue est vu comme une sorte de pugilat, de bataille permanente pour le « crachoir » et le pouvoir; dans cette perspective, parler c'est avant tout tirer la couverture à

---

[72] Cf. Leech G., *Principles of Pragmatics*, London, Longman, 1983. Pour Leech, la politesse concerne la relation entre le locuteur et son interlocuteur qui doivent coopérer durant l'interaction afin de maintenir un certain équilibre social.

[73] Ibidem, pp. 149–150.

soi, faire valoir ses vues et se faire valoir, avoir raison et avoir raison de l'autre, lui clouer le bec, lui damer le pion, lui faire perdre la face, etc.

L'apport de Kerbrat-Orecchioni concerne l'analyse minutieuse des niveaux du comportement verbal et non-verbal où il est possible de retrouver les variations culturelles. Selon sa classification, la variation touche au niveau des comportements verbaux, paraverbaux et non ver-baux, au niveau du système des tours de parole, au niveau des systèmes de l'adresse et du marquage de la relation interpersonnelle, dans la for-mulation des actes de langage (ex. demande), aussi que dans le fonction-nement des échanges rituels (salutation, entrée en conversation). L'égard pour la politesse se retrouve dans toutes les langues étudiées. Pourtant chaque société ou communauté linguistique retient différemment les comportements linguistiques considérés polis: « En fait, la variation est partout: loin de se restreindre, comme on le croit encore trop communé-ment, à quelques comportements isolés et superficiels, elle peut affecter tous les aspects, et se localiser à tous les niveaux du fonctionnement des interactions[74] ».

---

[74] Ivi, p. 68.

CHAPITRE 2

Slurs et impolitesse linguistique : aspects sémantico-pragmatiques

2.1 Impolitesse linguistique et langage insultant

On peut définir l'impolitesse linguistique par la négation de son contraire, la politesse linguistique, cet ensemble de comportements, de stratégies et de conventions verbales et non verbales qui servent à atténuer les conflits et à favoriser l'interaction communicative. La politesse linguistique reflète et remet en question des paramètres culturels, sociaux et situationnels (distance sociale entre les interlocuteurs, rapports de force, etc.) qui se traduisent par des choix linguistiques précis. Selon Kerbrat-Orecchioni :

> […] la notion d'impolitesse n'a de sens que par rapport à celle de politesse et inversement (si l'on admet que les espèces animales ignorent la politesse — a-t-on jamais vu un chat s'effacer devant un congénère au moment de passer une porte ? — il est du même coup absurde de les accuser d'impolitesse). L'organisation de ce système s'apparente à celle d'un carré sémiotique, avec les catégories *positive* (politesse, dont l'hyperpolitesse constitue une sorte d'excroissance déviante), *négative* (impolitesse), et *neutre* (non-politesse). Il semble nécessaire d'introduire en outre une catégorie *complexe* pour rendre compte des différents cas d'énoncés qui sont à la fois polis et impolis, catégorie que nous proposons d'appeler du mot-valise *polirudesse* (en anglais *polirudeness*). L'existence de divers cas de « pseudo-politesse » et de « pseudo-impolitesse » vient brouiller ce beau système, mais même indépendamment de ces cas particulièrement complexes, il va de soi que l'application à des cas concrets de ces distinctions abstraites pose toutes sortes de problèmes, liés d'une part à l'interprétation des marqueurs et d'autre part à flexibilité des normes sur lesquelles repose la distinction entre politesse et hyperpolitesse ainsi qu'entre non-politesse et impolitesse[75].

---

[75] Kerbrat-Orecchioni C., « L'impolitesse en interaction », *Lexis*, HS 2, 2010, pp. 35–60, p. 39–40.

De plus, comme l'indiquent Claudine Moïse et Alina Oprea[76], les frontières entre politesse, impolitesse et violence verbale ne sont pas toujours nettes et les rapports entre les trois sont souvent complexes et/ou problématiques. Bien que la politesse concerne l'harmonie et la coopération, l'impolitesse apparait lors d'oppositions ou de conflits[77].

L'impolitesse linguistique rompt l'ensemble des attentes et des conventions partagées au sein d'une culture donnée; c'est un moment de rupture qui oblige à s'interroger sur le type d'infraction commise. Du juron à l'insulte, de la turpitude à la « simple » violation dans l'utilisation des pronoms allocatifs, etc.

C'est précisément en raison de la multiplicité des aspects pragmatiques qui entrent en jeu - susceptibles d'évaluation subjective et/ou de censure sociale et culturelle - que l'impolitesse dans la communication constitue un point de vue incontournable sur le fonctionnement de la langue, sur la dimension interculturelle qui sous-tend tout processus de traduction et sur les choix didactiques à opérer dans une approche pragmatique de l'enseignement des langues.

Jonathan Culpeper[78] estime qu'il y a de l'impolitesse dans l'interaction quand:

    a. le locuteur émet une attaque intentionnelle envers son interlocuteur ;

    b. l'auditeur perçoit le comportement de son interlocuteur comme un acte menaçant intentionnel, ou une combinaison de (a) et (b).

Pour sa part, Kerbrat-Orecchioni[79] définit l'impolitesse comme absence « anormale » d'un marqueur de politesse, ou présence d'un marqueur d'impolitesse dans l'énoncé, ce qui a pour corollaire de flagrantes violations sur les deux faces positive et négative de celui ou celle qui les subit.

---

[76]   Cf. Moïse C., Oprea A., « Présentation. Politesse et violence verbale détournée », *Semen* [En ligne], 40, 2015. URL : http://journals.openedition.org/semen/10387 ; DOI : https://doi.org/10.4000/semen.10387.

[77]   Cf. Fracchiolla B., Romain C., « Principe de coopération interactionnelle et agressivité », *Corela* [En ligne], 18-2, 2020. URL: http://journals.openedition.org/corela/12557; DOI: https://doi.org/10.4000/corela.12557.

[78]   Cf. Culpeper J., "Impoliteness and Entertainment in the Television Quiz Show: The Weakest Link", *Journal of politeness research*, 1(1), 2005, pp. 35–72.

[79]   Kerbrat-Orecchioni C., *Le discours en interaction*, Paris, Armand Colin, 2005, p. 209.

On peut dire qu'une interaction impolie a ceci de caractéristique qu'il y a disparition des « FFAs » (*face flattering acts*) au profit des « FTAs » (*face threatening acts*), lesquels sont le plus souvent accompagnés de durcisseurs ou d'aggravateurs[80].

Dans le modèle élaboré par Brown et Levinson, la face négative renvoie à ce que Goffman en son temps appelait « les territoires du moi » (cité par Kerbrat-Orecchioni[81]), à savoir « territoire corporel, spatial, ou temporel ; biens et réserves, matérielles ou cognitives ».

La face positive, selon Kerbrat-Orecchioni[82], « correspond en gros au narcissisme et à l'ensemble des images valorisantes que les interlocuteurs construisent et tentent d'imposer d'eux-mêmes dans l'interaction ». De ce point de vue, seront considérés comme impolis tous les actes visant à infliger à autrui « une blessure narcissique », comme la critique, la réfutation, le reproche, l'insulte et l'injure, la rebuffade, les moqueries et autres farces.

Ainsi, la face peut être menacée par les actions d'autrui (FTA) comme c'est le cas dans l'impolitesse linguistique et, plus clairement que l'intentionnalité (donc enregistrée), dans le cas des insultes. À cet égard, Manuel Jobert dit que

Il est évident que certains tours sont naturellement associés à l'impolitesse ; on pense aux insultes, aux jurons, et que d'autres sont perçus comme relevant de la politesse, comme « S'il vous plaît », « Merci », etc. Il semble toutefois que les interactions verbales soient plus complexes et qu'il faille s'intéresser davantage au contexte pour évaluer la portée réelle de ce type d'énoncés. On conviendra que l'insulte « pov' con » tend *a priori* plutôt du côté de l'impolitesse que de la politesse. La variante « p'tit

---

[80] Le versant le plus « altruiste » de la politesse est constitué par les diverses manifestations de la politesse valorisante, consistant pour le locuteur à produire des actes censés être bénéfiques pour son interlocuteur: des FFAs (compliments, cadeaux, invitations) éventuellement accompagnés d'un « intensifieur », plus concrètement d'un « renforçateur ». Les « intensifieurs », à l'inverse des adoucisseurs, sont tenus de renforcer l'acte de langage. Leur effet est différent selon qu'ils accompagnent un FFA ou un FTA. Kerbrat-Orecchioni (2005: 214) propose ainsi de les diviser en « renforçateurs » dans le premier cas et « durcisseurs » ou « aggravateurs » dans le second. (Cf. Alberdi Urquizu C., « Politesse, impolitesse, auto-politesse: Janus revisité », *Çédille, revista de estudios franceses*, 5 (2009), pp. 24–55).

[81] Kerbrat-Orecchioni C., *Les interactions verbales*, tome II, Paris, Armand Colin, 1992, p. 167.

[82] Ibidem, p. 168.

con » peut quant à elle soit aggraver le caractère impoli de l'insulte soit au contraire le minimiser. L'importance de la prosodie et des traits paralinguistiques vocaux est ici cruciale[83].

Or, l'impolitesse est un champ vaste et peut se manifester par le biais de moyens linguistiques différents et variés. Culpeper[84] en établit une liste qui recense les manifestations intentionnelles de l'impolitesse selon ses travaux, dans laquelle on peut remarquer que le recensement a été effectué à partir de corpus d'interactions authentiques, ce qui nous permet d'avoir un aperçu des usages réels :

Insults

1. *Personalized negative vocatives*
   - [you] [[fucking/rotten/dirty/fat/little/etc.] [moron/fuck/plonker/dickhead/
   - berk/pig/shit/bastard/loser/liar/etc.]] [you]
2. *Personalized negative assertions*
   - [you] [are] [so/such] [a] [shit/stink/thick/stupid/bitchy/bitch/hypocrite/ disappointment/gay/nuts/nuttier than a fruit cake/ hopeless/pathetic/fussy/ terrible/fat/ugly/etc.]
   - [you] [can't do] [anything right/basic arithmetic/etc.]
   - [you] [disgust/make] [me] [sick/etc.]
3. *Personalized negative references*
   - [your] [little/stinking] [mouth/act/arse/body/etc.]
4. *Personalized third-person negative references in the hearing of the target*
   - [the] [daft] [bimbo]
   - [she's] [nutzo]

Pointed criticisms/complaints

   - [that/this/it] [is/was] [absolutely/extraordinarily/unspeakably/etc.] [bad/rubbish/crap/horrible/terrible/etc.]

---

[83] Jobert M., « L'impolitesse linguistique : vers un nouveau paradigme de recherche ? », *Lexis*, HS 2, 2010, pp. 5–19, p. 10.

[84] https://www.lancaster.ac.uk/fass/projects/impoliteness/forms.htm, ressource en ligne consultée le 26/12/2023.

Challenging or unpalatable questions and/or presuppositions
- why do you make my life impossible?
- which lie are you telling me?
- what's gone wrong now?
- you want to argue with me or you want to go to jail?

Condescensions
- [that] ['s/being] [babyish/childish/etc.]

Message enforcers
- listen here (as a preface)
- you got it? (as a tag)
- read my lips
- do you understand [me]? (as a tag)

Dismissals
- [go] [away]
- [get] [lost/out]
- [fuck/piss/shove] [off]

Silencers
- [shut] [it/your mouth, face/etc.]
- [shut] [the fuck] up

Threats
- [I'll] [I'm/we're gonna] [smash your face in/beat the shit out of you/box your ears/bust your fucking head off/straighten you out/ etc.] [if you don't] [X]
- [X] [before I] [hit you/strangle you]

Curses and ill-wishes
- [go] [to hell/hang yourself/fuck yourself]
- [damn/fuck] [you]

Non-supportive intrusions
- interruptions
- shouting
- eavesdropping

Culpeper[85] précise que certains mots et structures sont plus régulièrement perçus comme impolis que d'autres. Les formes relevées ont toutes
été régulièrement utilisées dans ses données et ont entraîné une création
négative de la part de la cible (c'est-à-dire qu'elle s'est sentie offensée). De
plus, il remarque que l'utilisation d'une forme particulière ne garantit
pas que la cible sera offensée, car cela dépend du contexte dans lequel
elle est utilisée.

Cependant, depuis la fin du siècle dernier[86], l'impolitesse linguistique
a fait l'objet d'une attention croissante et de nombreuses études[87], entendue non seulement comme une violation des attentes ou des normes
sociales de politesse, mais aussi, dans un sens plus large, comme une
notion générique englobant une variété de phénomènes caractérisés par
différents modes et degrés d'offense à l'égard de la personne ou du groupe
insulté(e):

> Roughly from the 1990s onwards, however, the scope of analysis has been
> widened from face-maintaining and face-enhancing data to instances of
> conflictual and face-aggravating behaviour. We have also witnessed an
> increase in discussions about appropriate methodological and theoretical
> approaches to politeness and a tendency to creatively draw on approaches
> from other fields (such as identity construction research)[88].

---

[85]   Cf. https://www.lancaster.ac.uk/fass/proje cts/impol iten ess/forms.htm, ressource
       en ligne consultée le 26/12/2023. .

[86]   Cf. Culpeper J., "Impoliteness: Using Language to Cause Offence", *Studies in
       Interactional Sociolinguistics*, 28, Cambridge, Cambridge University Press, 2011;
       Bousfield D., Locher M. A. (Edd.), *Impoliteness in Language: Studies on its Interplay
       with Power in Theory and Practice*. Berlin/New York, De Gruyter, 2008; Held G.,
       Helfrich U. (Edd.), *Cortesia: La cortesia verbale nella prospettiva romanistica: Aspetti
       teorici e applicazioni / Politesse: La politesse verbale dans une perspective roma-
       niste: Aspects théoriques et applications / Cortesía: La cortesía verbal desde la perspectiva
       romanística: Aspectos teóricos y aplicaciones*, Frankfurt/Wien, Lang, 2011.

[87]   Cf. Jamet D., Jobert. M., *Aspects of Linguistic Impoliteness*, Cambridge, Cambridge
       Scholar Publishing, 2013; Pugliese R., Zanoni G., "Impoliteness and Second Language
       Teaching: Insights from a Pragmatic Approach to Italian L2", *mediAzioni*, 24, 2019,
       http://mediazioni.sitlec.unibo.it; Fracchiolla B., Romain C., « *Continuum* et maintien
       du lien social professionnel en situation de conflit verbal écrit : être poli ou impoli, mais
       y mettre les formes », *Langage et société*, vol. 173, no. 2, 2021, pp. 203–225.

[88]   « Toutefois, depuis les années 1990 environ, le champ d'analyse s'est élargi, pas-
       sant des données relatives au maintien et à l'amélioration de la face à des exemples
       de comportements conflictuels et nuisibles à la face. Nous avons également assisté
       à une augmentation des discussions sur les approches méthodologiques et théo-
       riques appropriées à la politesse et à une tendance à s'inspirer de manière créative

En 2004 Marty Laforest et Diane Vincent ont fait une recension des travaux sur l'insulte effectués dans le domaine des sciences du langage au cours des 35 dernières années, en les divisant en quatre catégories:

1. les approches lexico-sémantiques ou syntaxiques, qui permettent de classifier finement les formes dites usuelles d'insulte ou de mettre en évidence les propriétés qui expliquent leur comportement (Perret, 1968; Milner, 1978; Ruwet, 1982, entre autres);
2. les approches sociolinguistiques, dont Labov (1972) a été le précurseur avec son étude innovatrice sur les joutes d'insultes rituelles des gangs newyorkais (Kochman, 1983; Rosier et Ernotte, 2001, entre autres), approches axées sur la fonction et les usages de certaines catégories de formes dites insultantes;
3. les approches pragmatiques au sens large (Brown et Levinson, 1987), qui mettent l'accent sur la dimension performative, vocative de l'insulte, ou sur ses aspects énonciatifs (Fisher, 1995). Ces approches ont notamment le mérite de mettre en évidence la dimension en quelque sorte « juridique » de l'acte d'insulte et ses conditions de réalisation;
4. l'approche ethnolinguistique, qui s'est développée dans les années 1970 et qui visait plus ou moins à répondre à la question type formulée par l'ethnographie de la communication: « Comment et quand insulter qui dans telle langue? ». La revue « scientifique » *Maledicta. The International Journal of verbal aggression* y était entièrement consacrée[89].

Or, les insultes peuvent être considérées comme des *face attack acts*[90], parce qu'elles peuvent être assimilées à des coups, des coups de poing, des balles avec lesquels on frappe verbalement D. Dans la perspective de la *face-saving view*, Brown et Levinson[91] placent les insultes parmi les actes qui menacent intrinsèquement la face positive de D – avec « expressions of disapproval, criticism, contempt or ridicule, complaints and

---

d'approches provenant d'autres domaines (tels que la recherche sur la construction de l'identité) ». Locher M. A., "Interpersonal Pragmatics and its Link to (Im)politeness", *Journal of Pragmatics*, 86, 1–110, 2015, p. 5.

[89] Laforest M., Diane V., « La qualification péjorative dans tous ses états », *Langue française*, n°144, 2004. Les insultes: approches sémantiques et pragmatiques, pp. 59–81, p. 60.

[90] Holmes J., *Women, Men, and Politeness*, London, Longman, 1995, p. 155.

[91] Brown P., Levinson S. C., *Politeness. Some Universals in Language Usage*, p. 66.

reprimands, accusations ». Selon Jonathan Culpeper[92], dont l'*anatomy of impoliteness* s'inspire du modèle théorique de Brown et Levinson, l'insulte ou le fait de « call the other names » relève des stratégies de *positive impoliteness*. De même, dans le cadre du principe de politesse de Leech[93], les insultes constituent une violation flagrante de la maxime d'approbation, qui impose de minimiser les critiques à l'égard de l'autre. D'autres auteurs, inversant la perspective idéaliste selon laquelle la politesse serait le comportement non marqué dans tous les contextes, préfèrent ne pas conceptualiser les insultes comme des violations de principes et/ou de maximes, mais les placent, de manière plus réaliste, dans le contexte d'une interaction non coopérative. Manfred Kienpointner[94], par exemple, postule l'existence d'un continuum, plutôt qu'une simple dichotomie entre comportement poli et impoli, articulé en quatre partitions: (1) *politeness* (coopération totale); (2) *overpoliteness* (3) *cooperative rudeness* (technique visant à créer une atmosphère détendue entre intimes); (4) *non-cooperative rudeness* (concurrence totale), subdivisée à son tour en impolitesse non motivée (due à la méconnaissance des normes linguistiques et culturelles) et en impolitesse motivée, c'est-à-dire consciente et intentionnelle, cette dernière catégorie étant celle dans laquelle s'inscrirait l'insulte.

On peut se demander à cet égard si les insultes prototypiques peuvent être considérées comme des actes intrinsèquement impolis. Selon Kienpointner[95], aucun acte ne peut être considéré comme poli ou impoli en dehors du contexte situationnel et culturel, l'impolitesse ne pouvant être définie que comme un comportement communicatif inapproprié par rapport à une situation donnée. Culpeper[96], quant à lui, tout en estimant que l'impolitesse doit être établie en fonction du contexte, ne rejette pas entièrement la notion de *inherent impoliteness*, c'est-à-dire d'une impolitesse indépendante des circonstances, analogue à l'*absolute politeness* de Leech[97]. Il restreint cependant cette notion à un très petit nombre d'actes,

---

[92] Cf. Culpeper J., "Towards an anatomy of impoliteness", *Journal of Pragmatics*, 25, 1996, pp. 349–367; Culpeper J., "Impoliteness strategies", in Capone A., Mey J. L. (Edd.), *Interdisciplinary Studies in Pragmatics, Culture and Society* (pp. 421–445), Berlin, Springer, 2016.
[93] Leech G., *Principles of Pragmatics*, cit., p. 132.
[94] Cf. Kienpointner M., "Varieties of rudeness. Types and functions of impolite utterances", *Functions of Language*, 4 (2), 1997, pp. 251–287.
[95] Ibidem, p. 255.
[96] Culpeper J., "Towards an anatomy of impoliteness", cit., pp. 351–352.
[97] Leech G., *Principles of Pragmatics*, cit., p. 83.

à savoir ceux qui, en attirant l'attention sur le comportement antisocial de D (par exemple, « picking nose or ears, farting », etc.), infligent un dommage irréparable à sa face positive, un dommage qui « cannot be completely mitigated by any surface realisation of politeness »[98].

Culpeper ne mentionne pas les insultes à cet égard, bien qu'elles posent un problème théorique intéressant, à savoir la possibilité que certains actes soient considérés comme intrinsèquement impolis non pas parce qu'il est impossible de les atténuer, mais parce que leur auteur n'a pas du tout l'intention de le faire. En effet, les insultes prototypiques, étant « una manifestazione estrema del discorso conflittuale[99] », marquent l'irruption de l'excès dans l'interaction verbale[100].

Il convient également de souligner que l'insulte peut d'une part être comprise comme une forme linguistique spécifique d'une impolitesse absolue (sémantique, c'est-à-dire indépendante du contexte), mais qu'elle peut d'autre part être lue, et c'est notre hypothèse, comme un lieu d'interaction entre des individus[101] dont la nature est avant tout performative, relevant de la pragmatique. Pour qu'il y ait une insulte, il faut que l'insulté la comprenne comme telle, tout comme il peut arriver qu'un élément non insultant soit au contraire perçu comme tel par l'interlocuteur. L'énoncé insultant est donc éminemment dialogique, produit de l'interaction entre les individus, et repose sur la mémoire des mots, le sens

---

[98]　Culpeper, dans sa discussion critique des approches post-modernes ou discursives de la politesse, qui tendent à souligner le rôle du contexte, rejette plus catégoriquement la notion de *inherent impoliteness*, adoptant une « dual position », selon laquelle les deux notions ne sont pas nettement opposées: « (Im)politeness can be more inherent in a linguistic expression or can be more determined by context, but neither the expression nor the context guarantee an interpretation of (im) politeness » (« L'(im)politesse peut être plus inhérente à une expression linguistique ou peut être plus déterminée par le contexte, mais ni l'expression ni le contexte ne garantissent une interprétation de l'(im)politesse. ») (Culpeper J., « Conventionalised impoliteness formulae », *Journal of Pragmatics*, *42*, 2010, pp. 3232–3245, p. 3236).

[99]　« Une manifestation extrême du discours conflictuel » (Pistolesi E., « Identità e stereotipi nel discorso conflittuale », in Pistolesi E., Schwarze S. (Edd.), *Vicini/lontani: Identità e alterità nella/della lingua* (pp. 115–130), Frankfurt, Lang, 2007, p. 115).

[100]　Fisher S., « L'insulte: la parole et le geste », *Langue Française*, *144*, 2004, pp. 49–58, p. 53.

[101]　Cf. Lagorgette D. (éd.), *Les insultes en français: de la recherche fondamentale à ses applications (linguistique, littérature, histoire, droit)*, PU Savoie, 2009.

qu'ils ont acquis au fil des années; comme le rappelle Laurence Rosier, en effet, l'insulte n'est pas un élément linguistique mais discursif, à savoir « l'insulte n'est pas un mot de la langue, mais un mot du discours[102] » :

> L'insulte ne se contente pas d'être un mot, elle suppose une configuration discursive et une situation d'énonciation mettant en jeu différents éléments, notamment les participants à l'interaction dans laquelle surgira l'insulte, qu'elle soit réflexe ou tactique[103].

2.1.1 La catégorie des *slurs*

Carla Bazzanella[104] identifie plusieurs modes violents d'expression verbale caractérisés par des degrés variables d'actes de menace de la face (*Face Threatening Acts*, FTA):

– les *slurs*[105], ou insultes de catégorisation, c'est-à-dire les insultes qui offensent (en communiquant la dérision, le mépris et la haine) une personne appartenant à un groupe cible, généralement identifié sur

---

[102]   Rosier L., *Petit traité de l'insulte*, Loverval, Éditions Labor, 2006, p. 87.

[103]   Ernotte P., Rosier L., « L'ontotype : une sous-catégorie pertinente pour classer les insultes ? », *Langue française*, vol. 144, no. 4, 2004, pp. 35–48, p. 36.

[104]   Bazzanella C., "Insulti e pragmatica: complessità, contesto, intensità", in *Quaderns d'Italià* 25, pp. 11–26, 2020, pp. 12–13.

[105]   Pour ce qui est des *slurs*, Francesca Panzeri écrit que « Uno *slur* [...] è un epiteto denigratorio che trasmette due tipi di informazioni: fa riferimento a un gruppo target [...], e veicola un atteggiamento derogatorio nei suoi confronti. La questione di *come* analizzare la componente offensiva degli slurs coinvolge temi chiave della filosofia del linguaggio, quali le condizioni di verità e le inferenze logiche, nonché la distinzione tra condizioni di verità e di uso, che si sono poi tradotte nella tradizione più prettamente linguistica nella distinzione tra semantica e pragmatica, e in particolare tra presupposizioni, implicature e atti linguistici » (« Une *slur* [...] est une insulte qui véhicule deux types d'informations: elle fait référence à un groupe cible [...] et elle traduit une attitude désobligeante à son égard. La question de savoir comment analyser la composante péjorative des *slurs* fait appel à des questions clés de la philosophie du langage, telles que les conditions de vérité et les inférences logiques, ainsi que la distinction entre conditions de vérité et conditions d'utilisation, qui ont été traduites dans la tradition plus purement linguistique par la distinction entre sémantique et pragmatique, et en particulier entre présuppositions, implicatures et actes linguistiques ») (Panzeri F., "Gli *slurs* tra filosofia del linguaggio e linguistica", *Rivista Italiana di Filosofia del Linguaggio*, 10(1), 2016, pp. 64–77, p. 64).

la base de l'appartenance ethnique, de l'origine géographique, de l'orientation sexuelle et des croyances religieuses[106];

— *swearing* ou *bad language*, qui comprennent les jurons, les blasphèmes, les explétifs[107] et les insultes elles-mêmes, un phénomène qui est maintenant également répandu dans les situations publiques;

— *hate speech* ou « discours de haine », de plus en plus fréquent, notamment sur les réseaux sociaux, compte tenu de l'anonymat possible, de la volonté d'agrégation et du renouveau. À cet égard, Corrado Fumagalli[108] le définit comme un type de communication (pas seulement verbale) qui, en s'adressant à un large public, veut saper le statut d'individus ou de groupes déjà fragilisés.

Or, le langage nous fournit des noms pour catégoriser les groupes et les individus: ces noms constituent des cartes de signification indispensables aux êtres humains, qui leur permettent de s'orienter dans la réalité, et en particulier dans la réalité sociale. Catégoriser les individus, nommer et ordonner l'expérience sociale sont des activités dont la portée normative est considérable. Les noms sont en effet aussi des instruments de gestion sociale, ils véhiculent des idéologies et définissent le champ des possibles dans lequel les êtres humains peuvent se situer et à partir duquel ils peuvent évaluer et être évalués par les autres. Certains noms, plus que d'autres, incarnent le jugement, la dérision, le mépris, et représentent des moyens symboliques pour cibler et déshumaniser des individus, des groupes, des comportements, des affects. C'est le cas des *slurs*[109], ces expressions (telles que « nègre » ou « pédé ») qui communiquent le mépris, la haine ou la dérision à l'égard d'individus et de catégories d'individus en raison de leur appartenance à cette seule catégorie, identifiée de temps à autre sur la base de l'appartenance ethnique, de la nationalité, de la religion, du sexe ou de l'orientation sexuelle.

---

[106] Cf. Croom A., "How to Do Things with Slurs: Studies in the Way of Derogatory Words", *Language & Communication*, *33*(3), 2013, pp. 177–204.

[107] À cet égard, on renvoie à : Potts C., "The expressive dimension", *Theoretical Linguistics*, 33, 2, pp. 165–197 ; Kaplan R. M., Bresnan J., "Lexical-Functional Grammar: A Formal System for Grammatical Representation", in Bresnan J. ed., *The Mental Representation of Grammatical Relations*, Cambridge, MIT Press, 1982.

[108] Cf. Fumagalli C., "Discorsi d'odio come pratiche ordinarie", *Biblioteca della Libertà*, 224, 2019, pp. 55–75.

[109] Cf. Cepollaro B., «Slurs as the Shortcut of Discrimination», *Rivista di estetica*, 64, 2017, pp. 53–65.

Contrairement aux insultes génériques telles que « con », qui ne visent qu'une seule personne, les *slurs* ont la caractéristique discursive de viser à la fois un individu et un groupe social[110] : avec « pédé », par exemple, une personne et, en même temps, tous les hommes homosexuels sont évalués comme étant dignes de mépris. Deuxièmement, dans les *slurs*, la dimension descriptive du langage est étroitement associée à la dimension performative et évaluative[111] ; en effet, par exemple, dans la langue française, avec « pute » ou « salope », non seulement une femme est décrite comme une prostituée, mais elle est en même temps jugée méprisable en tant que prostituée.

D'une part, les *slurs* expriment le mépris, la dérision et l'hostilité à l'égard de certains groupes sociaux parce qu'ils reflètent le sexisme, le racisme et l'homophobie qui caractérisent les sociétés dans lesquelles ils sont utilisés. D'autre part, ils contribuent à générer et à renforcer le mépris, la dérision et l'hostilité. Dans une perspective performative du langage, en effet, les *slurs* sont des moyens symboliques pour normaliser, naturaliser ou rationaliser des croyances, des attitudes et des émotions négatives à l'encontre de personnes, de groupes, de comportements et d'affects afin de les stigmatiser et de nier leur identité, ou de changer leur position dans la hiérarchie sociale[112].

L'aspect dénigrant des *slurs* provient de la présence d'attitudes dénigrantes largement répandues à l'égard du groupe cible. Une attitude dénigrante est une attitude émotionnelle négative partagée par un certain groupe de personnes (par exemple les homophobes, les racistes, etc.) à l'égard d'un groupe cible donné. Bien que la simple appartenance au groupe cible suffise généralement à déclencher l'attitude négative, les membres de la « communauté » en question ont souvent des croyances descriptives et évaluatives qui convergent vers un stéréotype négatif des membres du groupe cible. Au moins dans les cas où l'hostilité de la communauté de personnes partageant l'attitude dénigrante est forte, les aspects descriptifs et évaluatifs associés à l'attitude dénigrante se renforcent mutuellement[113].

---

[110]   Cf. Panzeri F., "Gli *slurs* tra filosofia del linguaggio e linguistica", cit.

[111]   Cf. Bianchi C., *Hate speech. Il lato oscuro del linguaggio*, cit.

[112]   Cf. Bianchi C., "Parole come pietre: atti linguistici e subordinazione", *Esercizi Filosofici*, 10, 2015, pp. 115–135.

[113]   Cf. Torrengo G., « La teoria dell'indeterminatezza semantica degli *slur* », *RIFL*, vol. 13, n. 1, 2019, pp. 132–142

Les *slurs* sont donc des lexèmes qui peuvent être très offensants, voire tabous, mais qui se distinguent des vulgarités normales (jurons, gros mots) par le fait qu'ils insultent une personne simplement parce qu'elle appartient à un groupe minoritaire, de sorte que l'offense n'est pas seulement dirigée contre la personne visée par la *slur*, mais aussi contre l'ensemble du groupe auquel elle appartient.

Cette particularité se traduit par le fait que les *slurs* ont des équivalents neutres, à savoir des expressions qui se réfèrent à ce groupe cible mais qui ne sont pas offensantes. Ainsi, par exemple, les *slurs* « nègre » et « pédé » correspondent respectivement aux homologues neutres « noir » et « homosexuel ».

L'utilisation d'une *slur* véhicule donc, au sens large, deux informations distinctes: une référence est faite au groupe cible et un contenu désobligeant est également véhiculé à l'égard de ce groupe[114]. Ainsi, l'énoncé de (1) transmet à la fois (2a) et quelque chose de l'ordre de (2b):

(1) François est pédé
    (2a) *François est homosexuel*
    (2b) *Les homosexuels sont méprisables*

Les utilisations paradigmatiques des *slurs* véhiculent l'offense envers le groupe de référence cible, bien que le degré d'offense varie d'une *slur* à l'autre: par exemple, bien qu'elles fassent toutes deux référence à des groupes identifiés par leur orientation sexuelle, la *slur* « enculé » est perçue comme plus offensante que « pédé »[115].

Il a été noté que la composante offensante d'une *slur* est transmise non seulement par une déclaration directe, comme dans (1), mais aussi si la *slur* apparaît dans des contextes linguistiques tels que la négation d'un énoncé, l'antécédent d'un conditionnel, la question:

---

[114]   Tous les auteurs ne s'accordent pas sur le fait que la composante dérogatoire associée à une *slur* a un « contenu » qui devrait être considéré comme faisant partie de la signification (sémantique ou pragmatique) du terme. Anderson et Lepore (2013) défendent une position qui considère les *slurs* comme pleinement équivalentes à leurs homologues neutres, mais comme des mots « interdits » en raison d'édits pertinents interdisant leur utilisation. Cette position n'est toutefois pas prise en considération ici, car elle place la particularité des *slurs* dans une sphère qui transcende celle de l'analyse du sens, et de la perspective que nous entendons considérer ici.

[115]   Cf. https://www.lemonde.fr/les-decodeurs/article/2019/09/12/pourquoi-certaines-insultes-restent-homophobes-malgre-leur-banalisation_5509595_4355770.html.

(3) *François n'est pas pédé*

(4) *Si François est pédé, il faut le lui demander*

(5) *Mais François serait un pédé?*

En effet, la négation dans (3) semble seulement nier le fait que François est homosexuel, alors que la composante péjorative envers les homosexuels demeure.

Certains traits ont été identifiés qui caractérisent le fonctionnement les *slurs* par rapport à d'autres expressions linguistiques[116]:

- Tout d'abord, des énoncés tels que « (6) Kamala Harris est une nègre » contenant des expressions offensantes ne sont pas défectueux ou dénués de sens: il s'agit d'énoncés complets, parfaitement compris par tout locuteur compétent.

- Les *slurs* ont un potentiel offensif: ce sont des expressions généralement perçues comme plus désobligeantes et offensantes que les péjoratifs.

- Le potentiel offensif des *slurs* varie d'une expression à l'autre, c'est-à-dire que certaines sont perçues comme plus désobligeantes que d'autres. Le mot anglais *nigger* est considéré par les locuteurs anglophones comme l'expression la plus offensante[117].

- Leur potentiel offensif varie dans le temps. Dans la diachronie, certaines expressions (comme *gay*) cessent d'être perçues comme désobligeantes et, inversement, d'autres commencent à être perçues comme offensantes.

- Leur potentiel offensif est apparemment indépendant de l'état mental du locuteur. La personne qui utilise une *slur* exprime ou transmet son mépris pour l'individu et la catégorie visés, qu'elle éprouve ou non du mépris à leur égard. De même, certaines expressions sont perçues comme plus offensantes que d'autres, indépendamment des convictions de l'utilisateur.

- Leur utilisation est entourée de tabous. Leur pertinence semble se limiter à des occurrences dans des citations, des

---

[116]   Cf. Bianchi C., "Parole come pietre: atti linguistici e subordinazione", *Esercizi Filosofici*, vol. 10, n. 2, 2015, pp. 115–135.

[117]   Cf. Jeshion R., "Slurs, Dehumanization, and the Expression of Contempt", in Sosa D. (ed.), *Bad Words: Philosophical Perspectives on Slurs*, Engaging Philosophy (Oxford, 2018; online edn, Oxford Academic, 2018).

contextes fictifs (questions, négations, antécédents de condi-
tionnels); pour certains, cependant, le tabou s'étend aussi à de
tels contextes.

- Christopher Hom[118] soutient qu'il existe des contextes non
offensants, dits « pédagogiques ». Il s'agit d'utilisations dans
des contextes où le contenu dénigrant de ces expressions est
explicité ou remis en question, comme dans les exemples
suivants :

(7) *Les institutions qui traitent les Noirs comme des nègres sont racistes*
(8) *François est un homosexuel, pas un pédé*
(9) *Les racistes croient que les Noirs sont des nègres*

- Il est souhaitable de proposer une explication du comportement des *slurs* qui ne soit pas *ad hoc* et aussi générale que
possible, de sorte qu'elle s'étende également aux termes d'approbation (tels que *béni* ou *ange*)[119].

- En prononçant des *slurs*, les auditeurs courent le risque d'être
considérés comme complices du dénigrement: dans de nombreuses circonstances, le silence face aux utilisations offensantes d'autrui semble se transformer en consentement et en
approbation. À cet égard, Philippe Ernotte et Rosier (2004: 36)
affirment que « l'insulte ne se contente pas d'être un mot, elle
suppose une configuration discursive et une situation d'énonciation mettant en jeu différents éléments, notamment les participants à l'interaction dans laquelle surgira l'insulte, qu'elle
soit reflexe ou tactique[120] ».

- Les *slurs* peuvent être utilisées dans des contextes de réappropriation: il s'agit d'utilisations par des membres du groupe cible
généralement considérées comme non offensantes et visant à
exprimer un sentiment d'appartenance et de solidarité. On
peut citer comme exemple la réappropriation du mot *nigger*

---

[118] Cf. Hom C., "The semantics of racial epithets", *Journal of Philosophy*, 105, 2008, 416–40.

[119] Cf. Predelli S., «From the expressive to the derogatory: on the semantic role for non-truth-conditional meaning», in Sawier S.A. (ed.), *New Waves in Philosophy of Language*, Palgrave-MacMillan, New York, 2010, 164–185.

[120] Ernotte P., Rosier L., « L'ontotype: une sous-categorie pertinente pour classer les insultes? », *Langue française*, n° 144, *Les Insultes: approches sémantiques et pragmatiques*, Paris, Larousse, 2004, pp. 35–45, p. 36.

par les Afro-Américains, ou celle de *queer, pédé* ou *schwul*[121] par la communauté LGBTQ+.

En général, la *slur* est à placer dans la sphère de la violence verbale, comprise comme un processus dynamique d'escalade progressive de la tension entre deux ou plusieurs participants, jusqu'à atteindre son paroxysme dans la rupture interactionnelle, dans laquelle il est impossible de mettre en œuvre une quelconque forme de négociation[122]. Dans ce contexte, les *slurs*, qui peuvent parfois marquer le point de rupture avant le passage à la violence physique[123], coexistent en partie avec d'autres actes plus ou moins agressifs et hostiles, tels que la critique, l'accusation, le reproche, l'invective, le dénigrement, la calomnie, le juron, le blasphème, la menace, la malédiction, etc. Il est donc nécessaire d'identifier certains critères permettant de distinguer la *slur* de ces actes ou d'autres actes violents, qui ne se distinguent pas toujours clairement et entièrement de la *slur*.

À cette fin, il peut être utile d'adopter une approche fondée sur la théorie du prototype[124], précisément parce qu'elle envisage une attribution catégorielle scalaire. Dans ce paradigme, en effet, comme on le sait, les catégories ne sont pas conçues comme discrètes, mais comme des réseaux d'attributs qui se chevauchent, disposés le long d'un continuum

---

[121] Cf. Maturi P., « Le parole dell'orgoglio e del pregiudizio », in Corbisiero F. (a cura di), *Comunità omosessuali. Le scienze sociali sulla popolazione LGBT*, Milano, FrancoAngeli, 2013.

[122] Moïse C., « Analyse de la violence verbale: quelque principe méthodologique », in *Actes des XXVIe journées d'études sur la parole*, Dinard, 2006, pp. 103–114. Elle considère que, outre le point de vue pragmatique et conversationnel, la violence verbale doit être considérée dans sa globalité, au-delà du seul aspect linguistique: les formes utilisées dans l'interaction violente, en effet, peuvent être conçues comme des actes individuels d'adhésion ou de distanciation vis-à-vis de l'interlocuteur mais aussi « comme des actes socialement inscrits, signes d'identification, d'appartenance ou de résistance » (p. 103).

[123] Ibidem, p. 106.

[124] Il convient de préciser que, comme dans Luraghi S., « Il concetto di prototipicità in linguistica », *Lingua e stile*, 28, 1993, pp. 511–530, cette expression est utilisée ici exclusivement par souci de concision en référence aux concepts de prototypicalité et de scalarité issus de la théorie de la catégorisation de Rosch (cf. Rosch E., Mervis B., « Family resemblance in the internal structure of categories », *Cognitive Psychology* 7, 1975, pp. 573–605), mais sans prendre position sur les différents concepts de prototype.

dans lequel il est possible de placer chaque entité à un point donné, tant au niveau intracatégoriel qu'au niveau intercatégoriel[125].

Les catégories ont donc leur propre structure interne, en ce sens que tous leurs membres ne partagent pas dans la même mesure les propriétés qui les définissent: au contraire, certains membres seront plus représentatifs et donc plus proches du centre de la catégorie, à savoir plus prototypiques que d'autres. En outre, l'idée d'un continuum scalaire même entre différentes catégories implique que celles-ci sont séparées par des frontières floues, le long desquelles se trouvent des entités dont l'attribution catégorielle est douteuse.

C'est pour ces raisons que l'application de la théorie du prototype à l'étude des actes de langage permet de rendre compte à la fois du fait qu'un certain énoncé peut réaliser l'acte correspondant d'une manière plus ou moins conforme à sa définition abstraite, et du chevauchement partiel entre certains types d'actes de langage et de l'incertitude qui en résulte dans l'attribution catégorielle[126]. C'est pour cela que l'application de la théorie du prototype à l'étude des actes de langage[127] permet de rendre compte à la fois du fait qu'un certain énoncé peut réaliser l'acte

---

[125] Cf. Rastier F., « Linguistique et psychologie II: La théorie des prototypes d'Eleanor Rosch, sa réception critique en psychologie et sa réception en sémantique linguistique ». *3. Teilband: An International Handbook on the Evolution of the Study of Language from the Beginnings to the Present*, edited by Auroux S., Koerner E. F. K., Niederehe H.-J., Versteegh K., Berlin/New York, De Gruyter Mouton, 2006, pp. 2649–2656.

[126] Cf. Luraghi S., « Il concetto di prototipicità in linguistica », cit., pp. 513–516.

[127] La possibilité d'appliquer la théorie du prototype à l'étude des actes de langage est soutenue, entre autres, par De Fornel M., « Actes de langages et théorie du prototype: l'exemple du compliment », *Cahiers de Praxématique*, 12, 1989, pp. 37–49; De Fornel M., « Sémantique du prototype et analyse des conversations », *Cahiers de Linguistique Française*, 11, 1990, pp. 159–178; Kerbrat-Orecchioni C., *Les actes de langage dans le discours. Théorie et fonctionnement*, Armand Colin, Paris, 2005; Jucker A. H., Taavitsainen I., « Diachronic speech act analysis. Insults from flying to flaming », *Journal of Historical Pragmatics*, 1, 2000, pp. 67–95; Alfonzetti G., « Gli insulti: alcuni criteri di categorizzazione », in S. C. Trovato (Ed.), *Studi linguistici in memoria di Giovanni Tropea*, vol. 1, Alessandria, Edizioni dell'Orso, 2009, pp. 67–78. Une référence, bien qu'implicite, au concept de prototypicité semble également se trouver dans la définition des insultes donnée par Hill W. F., Öttchen C. J., *Shakespeare's insults. Educating your wit*, New York, Three River Press, 1991, p. 22: « We define insults broadly. Some sit smug at the center of the definition, clearly intended to cast aspersion. Others come from around the edges-like disparaging insinuations, self-judgements or cynical observations ».

correspondant d'une manière plus ou moins conforme à sa définition abstraite, et du chevauchement partiel entre certains types d'actes de langage et de l'incertitude qui en résulte dans l'attribution catégorielle. Ce dernier problème ne se pose pas seulement à l'analyste, mais reflète la variabilité des interprétations d'un énoncé par les locuteurs eux-mêmes. Dans la complexité des échanges réels, un énoncé donné n'est pas toujours considéré tout court comme une invitation, une promesse, un reproche, mais il peut parfois être perçu « comme étant plus ou moins une invitation, une promesse, un reproche[128] ». Si un énoncé présente tous les attributs associés à la définition abstraite d'un certain acte linguistique, il sera considéré comme une réalisation prototypique de cet acte. En revanche, il sera ressenti comme une réalisation moins forte s'il ne possède que certains de ces attributs ou si le pouvoir de définition de certains d'entre eux est faible.

Les *slurs* ne sont donc pas seulement liées, mais souvent aussi inséparables d'autres actes accomplis au moyen d'une qualification péjorative[129].

2.2 Quelques critères pour classer les *slurs*

On propose ci quelques attributs de définition des *slurs*, sur la base desquels les insultes prototypiques peuvent être distinguées de celles qui occupent une position plus périphérique au sein de la catégorie, et qui peuvent se chevaucher partiellement avec d'autres actes qui occupent l'espace pragmatique du comportement antagoniste.

2.2.1 Critère pragmatique et fonctionnel

D'un point de vue pragmatico-fonctionnel, parmi les principaux éléments caractérisant l'acte linguistique de l'insulte on peut indiquer:

   a) prédication: le locuteur formule une opinion, une évaluation, un jugement de valeur négatif concernant directement le destinataire (son apparence physique, son caractère ou ses traits de personnalité, une action ou un comportement, etc.) ou quelqu'un qui lui

---

[128]   De Fornel M., « Sémantique du prototype et analyse des conversations », cit., p. 161.

[129]   Cf. Laforest M., Vincent D., « La qualification péjorative dans tous ses états », cit.

est plus ou moins étroitement lié, une personne à laquelle le locuteur est lié par des liens d'affection et de solidarité (membres de la famille, parents, amis, etc.);

b) attitude: le locuteur exprime un sentiment, une émotion négative à l'égard du destinataire qui, selon les circonstances, peut être le dédain, le dégoût, la répugnance, la haine, le mépris, la colère, la rage, etc.;

c) intention/perlocution: le locuteur vise à dégrader, dévaloriser, offenser, blesser, etc. le destinataire. Dans l'insulte prototypique, le locuteur cherche intentionnellement à obtenir cet effet perlocutoire et le destinataire, quant à lui, lui attribue cette intention[130]. Cela ne signifie pas que l'on puisse insulter quelqu'un sans le vouloir ou que l'on puisse se sentir insulté tout en sachant que le locuteur n'a pas cette intention[131];

d) présence du destinataire: l'appréciation négative est expressément adressée à un destinataire présent dans la situation de communication. Si l'appréciation s'adresse à un tiers absent auquel le destinataire est étroitement lié par des liens d'affection et de solidarité, la cible de l'insulte reste le destinataire, car c'est lui que l'on veut frapper, même si c'est de manière indirecte[132]. Cet élément explique pourquoi les insultes sont souvent mises en apostrophe[133].

---

[130]   Cependant, il faut remarquer qu'il y a aussi des insultes qu'on s'adresse à soi-même, comme par exemple « Evidemment, je me tance, me morigène. Espèce de salaud, tu vas droit vers la vieillesse et tu joues le damoiseau, le freluquet » (Serge Doubrovsky, 2011 < Corpus Frantext).

[131]   Jucker A. H., Taavitsainen I., « Diachronic speech act analysis. Insults from flying to flaming », cit., p. 73. Ils considèrent que l'intention est donc un critère non obligatoire dans la définition des insultes. Il nous semble cependant que l'attribution de l'intention d'offenser au locuteur est un élément qui contribue à augmenter la gravité d'un propos injurieux et donc à le placer dans une position plus centrale au sein de la catégorie que les insultes non intentionnelles, que le destinataire reconnaît également comme telles.

[132]   L'importance de cet élément dans la définition de l'insulte est rappelée, entre autres, par Jucker A. H., Taavitsainen I., « Diachronic speech act analysis. Insults from flying to flaming », cit., selon lesquels « a rude remark about the present government would not count as an insult unless a member of the government is present or somebody who feels personally close to the government (for political or personal reasons). In this case the target of the insult would be this person and not the government » (p. 73). Voir également Kerbrat-Orecchioni C., *Les actes de langage dans le discours. Théorie et fonctionnement*, cit., p. 148.

[133]   Il s'agit d'un critère reconnu comme fondamental dans la définition des insultes par de nombreux spécialistes. Par exemple, selon Chastaing M., Abdi H., « Psychologie

e) Interprétation: comme dans tout échange linguistique, le destinataire joue un rôle beaucoup plus important que celui de recevoir
passivement ce que le locuteur a l'intention de lui communiquer[134].
Pour qu'un propos insultant atteigne sa cible et fonctionne pleinement, il doit être perçu comme inapproprié et dégradant aussi et
surtout par le destinataire, ainsi que par le locuteur. Cela suppose
que le locuteur et le destinataire partagent le même système de
valeurs. Ceci est particulièrement évident dans le cas de l'utilisation comme éléments insultants des termes désignant des convictions politico-idéologiques, telles que *communiste*, *fasciste*, etc.,
qui, par nature, font l'objet d'évaluations opposées. Par exemple,
si A traite B d'anarchiste et que B lui répond fièrement « 'parfaitement!' […] le combat polémique cesse faute de combattants[135] ».
Outre la coïncidence des valeurs entre locuteur et destinataire, si
le destinataire est d'accord avec la description que le locuteur fait
de lui, même si elle est négative, en ce sens qu'il ne la considère
pas comme une attribution erronée de qualités, mais au contraire
comme coïncidant avec la perception qu'il a de lui-même, selon
Dominique Lagorgette on ne pourrait pas à proprement parler
d'insulte mais plutôt d'acte d'information ou de déclaration, indépendamment de l'intention du locuteur: le conflit, même dans ce
cas, est bloqué dès son début[136].

---

des injures », *Journal de psychologie normale et pathologique*, 1, 1980, pp. 31–62, « les
interjections-injures […] sont des apostrophes, sont donc adressées à un auditeur ».
C'est pourquoi les deux chercheurs les appellent «interpellations». Ou, comme
K. Bühler: 'appels' » (p. 34). De même, Lagorgette D., Larrivée P., dans l'introduction au volume *Les insultes: approches sémantiques et pragmatiques*, 2004, pp. 3–12,
considèrent que, du point de vue de la pragmatique de l'interaction, « l'insulte suppose un destinataire, elle a une fonction d'adresse » (p. 7). Toujours dans le même
volume, Derive J., M. J. Derive, *Processus de création et valeur d'emploi des insultes
en français populaire de Côte d'Ivoire*, pp. 13–34, précisent que « pour qu'il y ait
insultes […] il faut qu'il y ait adresse directe à un allocutaire » (p. 14).

[134] Des observations utiles contre une conception « expressiviste » de la communication qui assigne au destinataire un rôle simplement passif et réceptif peuvent
être trouvées dans Sbisà M., « Per una pragmatica degli atti linguistici: quasi un
bilancio », in Orletti F. (ed.), *Fra conversazione e discorso. L'analisi dell'interazione verbale*, Carocci, Roma, 1999, pp. 29–47 et dans son article « Illocutionary
force and degree of strength in language use », *Journal of Pragmatics*, 33, 2001,
pp. 1791–1814.

[135] L'exemple est tiré de Kerbrat-Orecchioni C., *L'énonciation*, Armand Colin, Paris,
2006, p. 91.

[136] Cf. Lagorgette D., « Insultes et conflit: de la provocation à la résolution – et
retour », *Les Cahiers de l'Ecole*, 5, 2006, pp. 26–44.

Le fait que la catégorisation d'un énoncé en tant qu'insulte doit également être basée sur l'interprétation du destinataire a des implications théoriques et méthodologiques importantes. D'un point de vue méthodologique, il montre en effet la nécessité d'étudier les insultes, comme d'ailleurs tout autre acte linguistique, dans le cadre de la dynamique conversationnelle et donc en relation avec les éventuels mouvements réactifs par lesquels le destinataire manifeste la valeur qu'il attribue à l'acte lui-même. D'un point de vue théorique, cela révèle la nature contractuelle de la communication, dans laquelle le locuteur et le destinataire décident et négocient ensemble le sens de ce qui se passe tour à tour dans la conversation[137]. La réaction du destinataire, en effet, non seulement influence la suite de l'échange communicatif, mais permet aussi, dans la plupart des cas, d'établir quel type d'acte a été accompli, quelle que soit l'intention du locuteur.

Sur la base des critères (a) et (b), les insultes, comme presque tous les actes linguistiques, possèdent une double composante illocutoire: la manifestation d'une attitude négative à l'égard du destinataire (critère b) les ramène à des actes linguistiques expressifs/comportementaux; en même temps, l'aspect évaluatif présent dans les insultes (critère a) fait qu'elles peuvent également être attribuées à la classe des représentatifs[138].

En ce qui concerne la délimitation entre les différents types d'actes agressifs, les insultes se différencient, par exemple, des imprécations grâce aux critères a) et d): les imprécations, en effet, ne sont pas des expressions formellement adressées à un destinataire spécifique, en ce sens qu'ils ne portent pas sur eux une destination, contrairement aux insultes prototypiques qui, au contraire, s'adressent directement au destinataire, soit en apostrophe, soit avec les marques morphologiques, verbales ou pronominales, de la deuxième personne (critère d). En outre, les imprécations ont une fonction expressive mais non représentative: il s'agit en fait d'exclamations à usage personnel[139] qui ne contiennent pas de prédication sur le

---

[137] Cf. Caffi C., *Modulazione, mitigazione, litote*, in Conte M. E., Giacalone Ramat A., Ramat P. (a cura di), *Dimensioni della linguistica*, Milano, FrancoAngeli, 1990, pp. 169–99.

[138] Ils sont classés comme expressifs tout court par Vanderveken D., *Les actes de discours*, Bruxelles, Pierre Mardaga, 1988.

[139] Cf. Kerbrat-Orecchioni C., *Les actes de langage dans le discours. Théorie et fonctionnement*, cit.

destinataire, comme c'est le cas pour les insultes proprement dites (critère
a). Cette limite, claire en principe, est cependant moins rigide en pratique, car les imprécations peuvent être interprétés comme des insultes
si le destinataire considère que le fait de jurer en sa présence implique un
manque de respect à son égard.

Le critère d) permet également de distinguer l'insulte du dénigrement, de la diffamation, de la calomnie, de la médisance, du commérage,
etc., à savoir de tous les actes linguistiques dans lesquels l'appréciation
négative vise un tiers qui n'est pas étroitement lié au destinataire. Ici
aussi, cependant, les limites établies sont moins nettes lorsqu'il s'agit de la
complexité du discours réel. En particulier, il est déterminant que le tiers
soit absent ou présent: s'il est absent, on se trouve dans le domaine du
dénigrement, de la diffamation, etc. (sauf si le tiers n'est pas étroitement
lié au destinataire, auquel cas c'est toujours ce dernier qui est touché et
donc insulté). Mais si le tiers est présent, le qualifier en termes péjoratifs
semble relever du domaine de l'insulte et en particulier de ce que Laforest et Vincent considèrent comme des « insultes à cible indirecte[140] ». Il
s'agit d'un type particulier d'insulte qui se produit lorsque A s'adresse
à B en disant du mal de C qui, par le fait même de sa présence, est en
réalité le véritable destinataire de la qualification péjorative. Le fait que le
commentaire négatif ne soit pas directement adressé à la personne visée
permet généralement d'atténuer l'intensité de l'insulte, même si, dans
certaines circonstances, il peut au contraire la renforcer.

Les critères (b) et (c) sont fondamentaux pour différencier l'insulte
proprement dite de la taquinerie, de la moquerie et de ce que Lagorgette
et Pierre Larrivée appellent les « insultes de solidarité[141] »: dans tous ces
cas, le locuteur qualifie le destinataire avec des expressions péjoratives
sans pour autant exprimer une attitude négative à son égard et sans donc
avoir l'intention de le dégrader ou de l'offenser. Au contraire, ces types
d'actes, qui ne ressemblent que formellement à des insultes, remplissent
des fonctions opposées: marquer la cohésion et le sentiment d'appartenance à un groupe de pairs; maintenir ou renforcer les liens d'affection,
d'amitié et d'intimité :

---

[140]   Laforest M., Vincent D., « La qualification péjorative dans tous ses états »,
        cit., p. 72.

[141]   Lagorgette D., Larrivée P., « Interprétation des insultes et relations de solidarité »,
        Langue Française, 2004, pp. 83–103.

Des interlocuteurs se sachant partager des valeurs positives à propos d'une telle désignation sont légitimés de détourner l'agression à des fins de solidarité, tout en se moquant de la polarité négative qui lui est attribuée par certains autres groupes : un homosexuel peut amicalement en interpeller un autre par l'axiologique *pédé*. À cela s'ajoute le paramètre de la situation dans un groupe. Un hétérosexuel a beau avoir toute la sympathie du monde pour les homosexuels, il est improbable (toutes choses égales par ailleurs) qu'un *pédé* utilisé par lui à l'égard d'un homosexuel soit aussi bien accueilli que celui employé par un autre homosexuel. De même pour l'interprétation des termes raciaux. Il est difficile d'imaginer un contexte où un Blanc pourrait appliquer un *Maudit Nègre* à l'endroit d'un allocutaire noir sans qu'il y ait une interprétation d'agression d'un côté ou de l'autre, alors que le même terme d'adresse peut marquer la solidarité entre des membres du même groupe. « [...] 'nigger' employé par un Noir, ou 'pédé' par un homosexuel, n'ont aucun caractère agressif. » [...]. C'est cet effet d'appartenance associé aux insultes utilisées par ceux à qui elles sont généralement appliquées qui sous-tend les mouvements de leur réappropriation ; ces actions surtout menées dans les pays anglo-saxons consistent ainsi pour des Noirs à promouvoir l'emploi de *nigger* ('nègre'), pour des féministes à employer *cunt* (traduisible par 'con', qui ne rend cependant pas la force extrême de l'insulte anglaise lorsque appliquée à une femme ; [...]) ou *bitch* (lit. 'chienne' ; [...]), pour des homosexuels à utiliser *queer* ('tapette'), dans l'espoir que le stigmate lié à la forme en vienne à disparaître[142].

2.2.2 *Critère formel*

Les insultes prototypiques comportent une dimension vocative et performative, à savoir qu'il s'agit d'actes accomplis par l'énonciation même d'un énoncé donné adressé directement à un destinataire. L'insulte, cependant, n'est jamais réalisée au moyen d'un verbe illocutoire à fonction performative, c'est-à-dire le verbe « insulter », ou de formules performatives explicites, comme c'est le cas pour d'autres actes expressifs - tels que les excuses, les félicitations ou les compliments, ou pour d'autres actes de violence verbale, tels que la malédiction.

L'acte d'insulter s'effectue au moyen d'énoncés de structure et de taille variables, contenant une pluralité d'indicateurs de force illocutoire, parmi lesquels prédominent:

---

[142]   Ivi, p. 93.

a) la valeur sémantique des lexèmes: les insultes sont en effet réalisées au moyen de termes (adjectifs, noms, adverbes, etc.) dont le sens comporte une dimension évaluative, qui dans ce cas est évidemment négative. Les formes axiologiques ou mots évaluatifs contiennent en effet deux types d'informations: une description du dénoté et un jugement évaluatif du locuteur à l'égard du dénoté. Le trait axiologique négatif est donc une propriété sémantique de certaines unités lexicales qui leur permet, dans certaines circonstances, de fonctionner pragmatiquement comme des insultes. L'ensemble des termes susceptibles d'être utilisés à des fins d'insulte est une classe ouverte à laquelle appartiennent, outre un fonds stable de lexèmes à signification évaluative négative, appelés par Iulia Mateiu « noms insultants », des créations plus ou moins nouvelles de nature métaphorique ou métonymique;

b) la forme syntaxique:

-   la qualification péjorative - généralement un syntagme nominal formé d'un nom (*salope!*) accompagné éventuellement d'un adjectif (*grosse salope!*) ou de N + SP (ex. *espèce de caca*), etc. – elle est souvent utilisée en apostrophe, à l'intérieur d'énoncés contenant d'autres actes, tels que des reproches, des accusations, des récriminations, des ordres, etc.: ex: *Qu'est-ce que tu klaxonnes? Idiot* (dit par un automobiliste à un autre qui klaxonne avec insistance); *Tais-toi, imbécile*, etc.;

-   si, en revanche, le syntagme péjoratif apparaît seul, et est donc coextensif à l'ensemble d'un tour conversationnel, il prend une valeur holophrastique, équivalant à une phrase prédicative telle que *Tu es une sale merde*;

-   le terme péjoratif peut parfois être utilisé dans des syntagmes à mode de catégorisation, par exemple *espèce de gros connard*, formule qui joue un rôle très proche de celui des expressions performatives, puisqu'elle rend non équivoque la valeur d'insulte de l'énoncé[143];

-   les insultes sont également réalisées au moyen de phrases déclaratives avec le verbe au présent de l'indicatif, généralement à la

---

[143] Kerbrat-Orecchioni C., *Les actes de langage dans le discours. Théorie et fonctionnement*, p. 37, considère le syntagme *Espèce de X* comme un indicateur clair de la force illocutoire des insultes, capable de compenser partiellement l'impossibilité d'utiliser performativement le verbe *injurier*.

deuxième personne du singulier, les qualifications péjoratives étant directement adressées au destinataire (*Tu es un trou du cul*). Il est cependant possible de trouver des constructions à la troisième personne, soit dans le cas d'insultes indirectement ciblées, où A s'adressant à B dit du mal d'une troisième personne présente, soit lorsque le locuteur s'adresse à l'insulté mais à la troisième personne, bien qu'il n'y ait pas d'autre personne présente jouant au moins apparemment le rôle de destinataire (comme cela se produit dans les insultes indirectement ciblées), comme par exemple « Le salaud! » par opposition à « Salaud! » qui suit dans l'extrait suivant:

Fritz prit alors les copains à témoins en montrant l'autre.
- Voilà ce que fait un Français : il dénonce ses camarades !

Quelques copains réagirent :
- Le salaud ! Salaud ! (Robert Antelme, 1947 < Corpus Frantext[144])

Selon Mateiu, cette transposition de personne aurait pour effet de renforcer l'intensité de l'acte accompli: en effet, en le traitant comme un tiers, le locuteur exclut la cible de l'insulte de la relation de communication, lui refusant ainsi un droit de réponse. Il affirmerait ainsi sa propre supériorité sur l'autre, l'attaquant tout en gardant une distance de sécurité[145];

- parfois, l'insulte est formulée au moyen de phrases interrogatives ressemblant à des questions rhétoriques (*Sais-tu que tu es un connard?* ou *Quelqu'un t'a-t-il déjà dit que tu étais un connard?*) ;
- les constructions marquées sont très fréquentes: *Quel trou du cul tu es*; *Trou du cul que tu es*, cette dernière construction jouant un rôle clairement renforçant, puisque l'individu auquel l'insulte est adressée est jugé comme intrinsèquement et totalement négatif, cloué à son essence méprisable, pour ainsi dire;
- c) indicateurs paralinguistiques, kinésiques et proxémiques: une série d'indices fondamentaux pour établir la force illocutoire de l'insulte et l'intensité de l'acte sont: volume élevé, qualité agressive de la voix; expressions faciales renfrognées, exprimant la colère,

---

[144]   https://www.frantext.fr/, ressource en ligne consultée le 23/12/2023.
[145]   Cf. Mateiu I. A., *Pour une grammaire des insultes*, 2005, URL : https://lett.ubbcluj. ro/departamente/departamentul-de-limbi-si-literaturi-romanice/iuliana-mateiu/

l'indignation, le dégoût, etc.; gestes particuliers qui peuvent accompagner l'insulte verbale; réduction de la distance interpersonnelle, comme si l'insulte était un prélude à l'attaque physique, etc. L'importance des faits prosodiques, en particulier, est soulignée par de nombreux linguistes qui ont traité des insultes. Maxime Chastaing et Hervé Abdi, par exemple, observent qu'un ton dérisoire ou malveillant peut transformer un appellatif neutre ou affectueux en une expression insultante, tout comme, à l'inverse, les insultes traditionnelles peuvent être transformées en appels affectueux ou amicaux par un ton tendre ou plaisantin. C'est le cas, par exemple, d'expressions telles que *Barbare!* (ou même *Petit démon!*) prononcées par une mère qui caresse ou joue avec son enfant[146].

La catégorisation d'un énoncé en tant qu'insulte est donc le résultat complexe d'une combinaison de faits de nature fonctionnelle, lexicale, syntaxique, prosodique, kinésique, etc. D'où l'impossibilité d'adopter une approche exclusivement lexicale, étant donné que tout mot peut effectivement revêtir des connotations négatives et fonctionner pragmatiquement comme une insulte. Au contraire, pour établir la valeur illocutoire d'une expression injurieuse, il faut tenir compte d'une pluralité d'indices verbaux et non verbaux[147], ainsi que du contexte et du partage des codes sociaux, éthiques, idéologiques et culturels. C'est pourquoi l'étude des insultes permet d'accéder au système de valeurs culturelles d'une société et de diagnostiquer son attitude à l'égard de certains objets. Il suffit de penser, par exemple, que de nombreuses sociétés occidentales dévalorisent la sphère sexuelle et scatologique, ainsi que tout ce qui est « petit », « gros », « vieux » par rapport à ce qui est « grand », « mince », « jeune », etc. En ce sens, les insultes d'une communauté à une époque donnée constituent une clé précieuse pour reconstituer « l'histoire des mentalités[148] ». À ce propos, Romolo G. Capuano souligne que les insultes constituent

> […] un collettore di simboli e significati culturali. […] Un'arma che i reietti possono scagliare contro i potenti, permettono di canalizzare le frustrazioni

146 Cf. Chastaing M., Abdi H., « Psychologie des injures », cit.
147 À ce propos, voir: Wharton T., *Pragmatics and Non-Verbal Communication*, Cambridge, Cambridge University Press, 2009.
148 Burke P., « L'art de l'insulte en Italie aux XVIe et XVIIe siècles », in Delumeau J. (éd.), *Injures et blasphèmes*, Paris, Imago, 1989, pp. 49–62, p. 51.

senza ricorrere a mezzi più nocivi, possono sortire effetti terapeutici e apotropaici, svolgono una latente funzione rituale, rappresentano modalità seduttive molto diffuse, accrescono il vocabolario e assolvono le medesime funzioni linguistiche di altre forme del discorso; contribuiscono a innovare la lingua; possono essere uno strumento di persuasione[149].

2.3 Stratégies linguistiques de fonctionnement des *slurs*

Les différentes théories sur les *slurs* sont regroupées de diverses manières[150]; nous utilisons ici une classification en trois groupes:

1. les stratégies sémantiques, selon lesquelles le potentiel de dénigrement d'une *slur* fait partie de ce que le mot dit ou exprime, autrement dit, une partie de son sens littéral;
2. les stratégies pragmatiques, selon lesquelles le potentiel de dénigrement d'une *slur* ne fait pas partie de son sens littéral, mais est véhiculé par l'utilisation de cette expression dans un contexte;
3. les stratégies sociales, selon lesquelles le potentiel dénigrant d'une *slur* ne relève pas de son sens, ni exprimé ni véhiculé, mais dépend exclusivement de facteurs sociaux.

2.3.1 *Stratégies sémantiques*

Selon les stratégies sémantiques, le potentiel de dénigrement d'une *slur* fait partie de ce que le mot dit, à savoir de son sens littéral[151]: dans une

---

[149] « […] un ensemble de symboles et de significations culturelles. […] Une arme que les exclus peuvent lancer contre les puissants, elles permettent de canaliser les frustrations sans recourir à des moyens plus nocifs, elles peuvent avoir des effets thérapeutiques et apotropaïques, elles remplissent une fonction rituelle latente, elles représentent des modes de séduction répandus, elles enrichissent le vocabulaire et remplissent les mêmes fonctions linguistiques que les autres formes de discours ; elles contribuent à l'innovation linguistique, elles peuvent être un instrument de persuasion » (Capuano R. G., *Turpia: sociologia del turpiloquio e della bestemmia*, Milano, Costa & Nolan, 2007, p. 270).

[150] Cf. Bianchi C., *Hate speech. Il lato oscuro del linguaggio*, cit.

[151] Pour ce qui concerne le sens littéral, voir : Neschke-Hentschke A., « Le sens littéral. Histoire de la signification d'un outil herméneutique », in *Sens et interprétation: Pour une introduction à l'herméneutique*, Villeneuve d'Ascq, Presses universitaires du Septentrion, 2008.

formulation simplifiée, le sens de *nègre* serait « noir et méprisable en tant que noir ». En d'autres termes, la *slur* catégorise ses cibles comme appartenant à un certain groupe et leur attribue en même temps des propriétés négatives. Pour ce qui est du mot « nègre », Houda Melaouhia Ben Hamadi écrit que

> Bien qu'au début du XXe siècle, avec le mouvement littéraire « négritude » créé par Léopold Sédar Senghor et Aimé Césaire, voire avec les mouvements politiques en Amérique, le mot *Nègre* ait connu un emploi positif, dans la mesure où il servait à revendiquer la culture identitaire des hommes noirs, il n'en demeure pas moins que les connotations négatives ont pris le dessus. *Nègre* est aujourd'hui un terme péjoratif, chargé de sèmes négatifs tels que /colonisé/, /dominé/, /exploité/, etc. qui mettent l'accent sur la relation de soumission du noir vis-à-vis du blanc, d'abus de pouvoir qu'a exercé ce dernier sur cet autre soi-même. De ce fait, ce terme est de nouveau considéré comme un mot tabou. Ces dernières années, il a été banni de l'usage. Aux États-Unis, on ne parle plus désormais que de *N-word*. Si on le prononce, on est taxé de raciste[152].

Par exemple, l'énoncé

> *La vice-présidente des États-Unis, Kamala Harris, est une nègre*

dit ensuite quelque chose que l'on peut paraphraser par

> *La vice-présidente des États-Unis, Kamala Harris, est une femme noire et méprisable en tant que femme noire*[153]

Cette explication du potentiel de dénigrement semble tout à fait plausible, car elle rend compte d'une intuition qui nous semble indéniable, à savoir que les *slurs* expriment un contenu offensant ou dénigrant[154]. Pourtant, des objections d'un certain poids doivent être abordées: nous en voyons trois.

Première objection. Comparons les comportements sémantiques différents d'exemples comme :

> *Kamala Harris est une nègre*

---

[152]   Ben Hamadi H. M., « Les actes menaçants implicites: le cas des insultes indirectes », *Acta Universitatis Lodziensis. Folia Litteraria Romanica*, (12), 2018, pp. 235–245, p. 237.

[153]   Cf. Hom C., "The Semantics of Racial Epithets", *Journal of Philosophy*, 105, 2008, pp. 416–440.

[154]   Cf. Richard M., *When Truth Gives Out*, Oxford, Oxford University Press, 2008.

et de

Kamala Harris est une noire

En général, pour exprimer son désaccord avec *Kamala Harris est une noire* – c'est-à-dire pour nier l'attribution à Kamala Harris de la propriété exprimée par le lexème « noire » – il suffit d'utiliser la négation, comme dans

Non, elle ne l'est pas.

ou la négation, comme dans

Kamala Harris n'est pas une femme noire.

Les dénégations et les négations sont des dispositifs linguistiques standard permettant de neutraliser ou de désamorcer le contenu sémantique d'un énoncé[155]. Dans le cas de *Kamala Harris est une nègre*, en revanche, la négation exprimée par *Non, elle ne l'est pas*, permet effectivement la négation de l'ascription descriptive – c'est-à-dire qu'elle permet la négation de la contrepartie neutre dans *Kamala Harris est une noire* - mais elle ne semble pas suffisante pour effacer ou désamorcer le potentiel dénigrant de *Kamala Harris est une nègre*: la tentative de répondre à *Kamala Harris est une nègre* par *Non, elle ne l'est pas*, même si elle désamorce l'offense attribuée à Kamala Harris, continue d'être perçue comme offensante à l'égard du groupe cible. Une analyse similaire peut être faite pour la négation de l'énoncé *Kamala Harris est une nègre*:

Kamala Harris n'est pas une nègre

nie l'inclusion de Kamala Harris dans le groupe, mais ne neutralise pas l'évaluation négative du groupe cible et continue d'être perçue comme offensante à l'égard de tous les Noirs. Nous serions donc confrontés à des contre-exemples de stratégies sémantiques: des négations comme *Kamala Harris n'est pas une nègre* et des dénégations comme *Non, elle ne l'est pas* agissent sur la composante descriptive du terme, et non sur son potentiel dénigrant - qui, par conséquent, ne semble pas pouvoir être considéré comme faisant partie du contenu littéral ou du sens de « nègre ».

Un deuxième groupe de contre-exemples aux stratégies sémantiques provient de l'analyse du discours indirect. En général, le discours indirect

---

[155]   Cf. Ritz M.-È., « La sémantique de la négation en français », *Langue française*, n°98, 1993, Les primitifs sémantiques, pp. 67–78.

permet de rapporter des propos tenus par d'autres, en réutilisant les mêmes expressions que celles utilisées par le locuteur. Imaginons que Donald Trump ait prononcé

Joe Biden est un imposteur.

Pour rapporter les propos de Trump, nous pouvons utiliser ses propres mots, comme dans le cas suivant

Trump a dit que Joe Biden est un imposteur

sans nous impliquer dans l'évaluation négative de Joe Biden.

Imaginons maintenant que l'utilisation dénigrante de l'ancien footballeur italien Antonio Cassano

Dans l'équipe nationale, il n'y a pas de pédés[156]

est rapporté par le magazine d'extrême droite « Livre Noir » et non comme

Cassano a dit « Dans l'équipe nationale, il n'y a pas de pédés »

(qui utilise le discours direct, et donc une citation entre guillemets qui imprime le contenu dénigrant de « pédés »), mais avec le discours indirect, en particulier le titre:

Cassano a dit qu'il n'y a pas de pédés dans l'équipe nationale.

Ce dernier énoncé constitue toujours un usage offensant, que le lecteur pourrait attribuer à Cassano, mais aussi à la rédaction de « Livre Noir »: si nous réutilisons les *slurs* utilisées par le locuteur pour rapporter ce qu'il a dit, nous pourrions nous rendre coupables d'une offense.

Troisième objection. Prenons l'énoncé

Avant, je croyais que Kamala Harris était une tricheuse.

Cette affirmation place l'évaluation négative de Kamala Harris dans le passé, ce qui la désamorce. L'énoncé

Il fut un temps où je pensais que Kamala Harris était une nègre

---

[156] Cf. https://www.lematin.ch/story/cassano-espere-qu-il-n-y-a-pas-de-pede-en-equipe-d-italie-171312144010,.

au contraire, continue d'être perçue comme désobligeante (peut-être pas à l'égard de Kamala Harris, mais certainement à l'égard du groupe cible) : l'utilisation actuelle d'une *slur* ne peut pas être utilisée pour discuter d'une évaluation passée sans encourir une offense actuelle.

Différents linguistes et philosophes du langage considèrent les trois points soulevés comme des objections décisives contre les stratégies sémantiques[157]; différentes solutions, non pas sémantiques mais pragmatiques, sont donc proposées.

2.3.2 Stratégies pragmatiques

Selon les stratégies pragmatiques, le contenu dénigrant d'une *slur* ne fait pas partie de ce que la *slur* dit ou exprime, mais est véhiculé par l'utilisation qui en est faite dans le contexte. Pour Philippe Blanchet, il s'agit de voir « comment […] le langage produit de la signification, c'est-à-dire des effets, dans le contexte communicatif de son utilisation par les locuteurs[158] ».

De nos jours, en France et dans le monde, on constate un contexte général d'augmentation de l'agressivité et de la violence, en partie lié à des causes externes telles que la crise économique et des valeurs, ainsi qu'à des facteurs individuels (tels que la tendance à l'agressivité) ou à des facteurs de groupe[159]. Les manifestations vont des formes les plus limitées (liées aux relations personnelles et sociales conflictuelles dont nous sommes souvent les témoins involontaires dans notre vie quotidienne) aux formes tragiques, telles que les féminicides.

On ne peut pas ne pas relier ce thème général, en tant que cause, à la diffusion des insultes dans les relations quotidiennes en face à face, dans les différentes formes de nouvelles technologies, dans les médias, dans la fiction, dans le cinéma et même dans des situations hautement institutionnelles telles que les discours parlementaires.

---

[157] Cf. Hom C., "A Puzzle about Pejoratives", *Philosophical Studies*, 159, 2012, pp. 383–405.

[158] Blanchet P., *La Pragmatique. D'Austin à Goffman*, Paris, Bertrand-Lacoste, 1995, p. 9.

[159] Cf. Voirol O., Martini É., « La fabrique discursive de la haine. Affects, agitation fasciste et 'politique du ressentiment' », *Réseaux*, vol. 241, no. 5, 2023, pp. 39–77.

Parmi les différents facteurs qui influencent l'utilisation et la gravité d'une insulte, une place importante revient donc au contexte, dans ses multiples composantes.

L'interaction prototypique en face à face, étant donné le partage de l'environnement physique, permet une rétroaction immédiate, l'utilisation d'éléments paralinguistiques tels que l'intonation et la prosodie, la multimodalité (gestes, mouvements du visage ou du corps, regard, sourire), mais ne permet pas la planification et l'annulation. En revanche, d'autres formes de communication (orale, écrite, numérique), en fonction de leurs traits constitutifs spécifiques, peuvent inclure ou exclure ces caractéristiques[160].

Avec l'utilisation des réseaux sociaux, compte tenu de leur immense réservoir d'utilisateurs et de la possibilité de relance/expansion, l'insulte devient souvent « virale » avec des conséquences extrêmes, voire tragiques, pour la personne touchée dans sa face positive, à savoir moquée, dénigrée ou outragée.

Au contraire, la possibilité d'un retour d'information immédiat permise par l'interaction en face à face permet à la fois de désamorcer une insulte, par exemple au moyen d'excuses au cours d'une dispute (par exemple: *Désolé, je suis allé trop loin. Me pardonnes-tu?*), ou, au contraire, de provoquer une escalade de plus en plus violente, pouvant aller jusqu'à une confrontation physique, comme cela se produit dans les bagarres à la suite d'un accident de voiture ou pour d'autres causes et situations.

Les caractéristiques sociolinguistiques et personnelles de la personne qui insulte et de celle qui est insultée (ou victime/s) peuvent affecter l'asymétrie des rôles sociaux et du pouvoir.

Du côté de l'insulteur, l'intention de dégrader, dévaloriser, offenser, blesser, etc. le destinataire[161] est généralement considérée comme faisant partie de la définition[162]. Toutefois, des cas marginaux ont été mis en évidence où on peut insulter quelqu'un sans le vouloir[163], également

---

[160]   Cf. Bazzanella C., "Contextual Constraints in CMC Narrative", in C. R. Hoffmann (Ed.), *Narrative Revisited: Telling a Story in the Age of New Media* (pp. 19–37), Amsterdam/Philadelphia, Benjamins, 2010.

[161]   Alfonzetti G., "Gli insulti: Alcuni criteri di categorizzazione", in Trovato S. C. (Ed.), *Studi linguistici in memoria di Giovanni Tropea* (Vol. 1, pp. 67–78), Alessandria, Edizioni dell'Orso, 2009, p. 71.

[162]   Cf. Rosier L., *Petit traité de l'insulte*, cit.

[163]   Cf. Alfonzetti G., "Gli insulti: Alcuni criteri di categorizzazione", cit.

en raison d'un manque de connaissance et/ou de partage des normes sociales et culturelles.

Les aspects partagés ou non partagés des connaissances/croyances, des normes sociales et culturelles et de la langue jouent un rôle central dans la compréhension, en particulier dans l'interaction en face à face où l'échange dialogique est synchrone et permet parfois de surmonter un malentendu (par exemple dans le cas d'une plaisanterie), de négocier et de modifier les attitudes respectives d'agression ou de violence qui ont pu être déclenchées.

Du côté de la personne insultée, l'élément marquant est le type de réception et de réaction: on peut ignorer, se détendre avec une blague, changer de sujet, ou rejeter et contre-attaquer en initiant des échanges bilatéraux en face à face (ou via réseaux sociaux, etc.), ce qui entraîne une augmentation de la tension conflictuelle, de l'agressivité et de la gravité des *slurs* elles-mêmes.

Nathaniel Mitchell et Michael Haugh[164], traitant de l'impolitesse linguistique, plaident pour une analyse de l'action et de l'interaction sociales dans laquelle le rôle du *recipient* est enrichi par l'inclusion de l'*agency*:

> We recipients do not simply invoke social norms, or (in some cases at least) simply orient to perceived speaker intentions, in evaluating talk or conduct as impolite. Any recipient – ratified or not – is presumed to have the ability to exercise their own social-mediated agency in construing their evaluation of some prior speaker's action (including their own) as a particular kind of action, thereby licensing their evaluation of that talk or conduct as offensive, and thus impolite[165].

Or, dans une conversation à quatre, l'effet insultant et le manque de respect pour l'identité et la dignité de l'interlocuteur retombent

---

[164] Mitchell N., Haugh M., "Agency, Accountability and Evaluations of Impoliteness", *Journal of Politeness Research*, *11*(2), 2015, 207–238, p. 210.

[165] [« Nous, les destinataires, ne nous contentons pas d'invoquer les normes sociales ou (dans certains cas au moins) de nous orienter simplement vers les intentions perçues de l'orateur, pour évaluer un discours ou un comportement comme étant impoli. Tout destinataire - ratifié ou non - est supposé avoir la capacité d'exercer son propre pouvoir social en interprétant son évaluation de l'action d'un locuteur antérieur (y compris la sienne) comme un type d'action particulier, autorisant ainsi son évaluation de ce discours ou de ce comportement comme offensant, et donc impoli »].

exclusivement sur la personne insultée, alors que si la *slur* est criée dans une manifestation de rue, elle se propage délibérément et inévitablement à l'auditoire, agissant comme une caisse de résonance et déclenchant une expansion collective de l'insulte initiale, éventuellement contrée par des groupes d'opinion opposée. Même lors des matchs de football, par exemple, les supporters multiplient souvent les chants racistes ou homophobes à partir d'un petit groupe, augmentant ainsi la portée offensive de la *slur* initiale à l'encontre du footballeur « victime ».

En passant en revue certains des éléments pertinents pour caractériser une *slur*, on peut introduire le phénomène de l'« intensité » dans le sens d'une insulte plus ou moins violente et offensante à l'encontre de l'interlocuteur, en fonction de différents facteurs d'interaction.

Plus précisément, en se référant à diverses recherches sur le sujet[166], l' « intensité » est considérée comme l'ensemble des stratégies multiples utiles pour modifier la force illocutoire des actes linguistiques, dans le sens d'une atténuation ou d'un renforcement d'un acte linguistique spécifique. Le phénomène est scalaire et, comme l'écrit William Labov, « at the heart of social and emotional expression is the linguistic feature of intensity. It is a difficult feature to describe precisely. Intensity by its very nature is not precise: first, because it is a gradient feature, and second, because it is most often dependent on other linguistic structures[167] » et, on pourrait ajouter, d'autres composantes extralinguistiques.

En ce qui concerne les éléments linguistiques, la valeur sémantique du mot utilisé peut être plus ou moins vulgaire ou injurieuse: on peut penser, par exemple, à la différence entre *crétin* et *débile*.

Outre le degré de violence et d'offense véhiculé par le mot lui-même, l'insulte peut être aggravée au niveau perlocutoire par les gestes et attitudes agressifs ou menaçants du locuteur, par la situation locale chargée d'une tension agonistique ou conflictuelle, et par la présence de

---

[166] Holmes J., "Modifying illocutionary force". *Journal of Pragmatics*, 8, 1984, 341–350; Labov W., "Intensity". In D. Schiffrin (Ed.), *Meaning, Form, and Use in Context: Linguistic Applications* (pp. 43–70), Washington, Georgetown University Press, 1984; Bazzanella C., Caffi C., Sbisà M., "Scalar Dimensions of Illocutionary Force", in Zagar I. Z. (Ed.), *Speech Acts: Fiction or reality?* (pp. 63–76), Ljubljana, IPRA distribution Center for Jugoslavia, 1991; Gili Fivela B., Bazzanella C., "*Noi* come meccanismo di intensità", in Gili Fivela B., Bazzanella C. (Edd.), *Fenomeni di intensità nell'italiano parlato* (pp. 101–114), Firenze, Cesati, 2009.

[167] Labov W., "Intensity"., cit., p. 43.

mécanismes d'intensité, comme l'adjectif *sale* qui double la valeur raciste de *nègre*.

Pour ce qui est du pôle d'atténuation, le mécanisme le plus fréquemment utilisé est celui du diminutif (par exemple, *mon p'tit serpent*[168] adressé à un enfant).

Gilbert W. Tio Babena[169], d'un point de vue socio-pragmatique, offre un exemple de la façon dont le sens d'un lexème-insulte peut varier en fonction de la situation interactive:

> Pour dire d'un mot comme "chenapan" qu'il est une insulte, il faut qu'il soit énoncé dans une situation d'interlocution et évalué comme étant dévalorisant, donc susceptible de créer un conflit (1a). Le même mot, pris dans un contexte amoureux, aurait plutôt une valeur hypocoristique (1b).

(1a)

— Sortez d'ici, chenapans ! (Exemple du Robert)

— D'accord, nous sortons, mais pas besoin de nous traiter de vauriens.

(1b)

— Merci pour les roses, mon chenapan !

— Mon amour, j'emploierai ma vie à te faire plaisir ![170]

En général, l'absence évidente d'agressivité, un geste tendre, un ton doux, l'absence de public (le contraire des mécanismes de renforcement de l'insulte) peuvent atténuer ou modifier la valeur et la fonction, rendant possible des utilisations non standard des *slurs*, telles que l'utilisation affectueuse mentionnée ci-dessus par Tio Babena ou les utilisations solidaires : « […] il est indéniable que certaines insultes ne visent pas à accomplir l'acte de insulter mais bien au contraire servent à marquer la solidarité[171] dans un groupe de pairs[172] ». Un exemple pourrait être « Pose

---

[168] Cf. Gravillon I., « Ma puce, mon p'tit loup… Des surnoms animaliers pour l'enfant », *L'école des parents*, vol. n623, no. 5, 2017, pp. 179–185.

[169] Tio Babena G. W., « Aperçu socio-pragmatique de l'insulte », *Une Larme du Diable. Revue des mondes radiophoniques et des univers sonores*, 6, 2015, 31–41.

[170] Ibidem, p. 32.

[171] À cet égard, on renvoie également à : Padilla Cruz M., "Metarepresentations and Phatic Utterances: A Pragmatic Proposal about the Generation of Solidarity between Interlocutors", in *Current Trends in Pragmatics*, ed. by Cap P., Nijakowska J., pp. 110–128, New Castle upon Tyne, Cambridge Scholars Publishing, 2007.

[172] Lagorgette D., Larrivée P., « Interprétation des insultes et relations de solidarité », cit., p. 83.

les mains sur tes hanches. Voilà. Hmm, tu en as des beaux abdos, mon salaud! » (Matthieu Jung, 2018 < Corpus Frantext[173]).

L'humour et l'ironie peuvent être utilisés à des fins diverses: de manière agressive et comme signal de frontière entre différents groupes, ou comme mécanisme de désescalade et de solidarité, comme l'estime Rosa Pugliese[174] dans son étude concernant l'interaction entre des travailleurs bengalis et italiens, qui met l'accent, entre autres, sur la convergence des facteurs, à savoir :

> Un insieme di elementi co-occorrenti —le risate, l'ironia, le canzoni, gli insulti rituali, i modi di dire— attivano un tono scherzoso che istituisce un secondo livello della comunicazione in atto, una metacomunicazione. Nel contesto globale, questa agisce come mitigazione implicita. La funzione di gestione (controllo) del rischio di un conflitto, sempre in agguato, emerge con evidenza. Altrettanto evidente è la reciprocità delle azioni verbali e non verbali che consente, di volta in volta, di abbassare la tensione, riequilibrare il clima, ridefinire la relazione come paritaria, mentre si rende meno fragile il confine tra conflitto e accordo, tra distanza e vicinanza emotiva[175].

Les variations de fonction et d'intensité dans l'utilisation d'une *slur* dépendent donc, de manière imbriquée, des différentes composantes du contexte et d'une combinaison de facteurs linguistiques et extralinguistiques.

2.3.3 Stratégies sociales

Dans les propositions sociales, le potentiel de dénigrement des *slurs* n'est pas imputé à ce que les mots disent, présupposent ou impliquent implicitement, mais dépend exclusivement de facteurs sociaux.

---

[173] https://www.frantext.fr/, ressource en ligne consultée le 23/12/2023.

[174] Pugliese R., "Meccanismi di intensità in un dialogo tra operai italiani e bengalesi", in Gili Fivela B., Bazzanella C. (Edd.), *Fenomeni di intensità nell'italiano parlato* (pp. 255–273), Firenze, Cesati, 2009.

[175] « Un ensemble d'éléments cooccurrents - rires, ironie, chansons, insultes rituelles, façons de parler - activent un ton de plaisanterie qui établit un second niveau de communication continue, une métacommunication. Dans le contexte mondial, il s'agit d'une atténuation implicite. La fonction de gestion (contrôle) du risque de conflit, toujours latent, apparaît clairement. Tout aussi évidente est la réciprocité des actions verbales et non verbales qui permet, de temps à autre, de faire baisser la tension, de rééquilibrer le climat, de redéfinir la relation sur un pied d'égalité, tandis que la frontière entre conflit et accord, entre distance et proximité émotionnelle, devient moins fragile » (Ibidem, p. 268).

Selon la perspective sociale, en effet, il n'y a pas de différence de contenu (ni exprimé ni véhiculé) entre « nègre » et « noire »: *Christiane Taubira est une nègre* et *Christiane Taubira est une noire* ont la même signification. Le caractère offensant de *Christiane Taubira est une nègre* s'explique par le fait que les *slurs* sont des mots interdits, en vertu d'une sorte de décret émis à leur encontre par des individus, des groupes, des autorités ou des institutions compétents (généralement liés au groupe cible)[176]. Autrement dit, une fois que les locuteurs compétents déclarent qu'un lexème est une insulte désobligeante, il en devient une[177]. Ce constat conduit à une position[178] qui propose d'éliminer les *slurs* dépréciatives de la langue jusqu'à ce que leur potentiel offensif soit dilué, et de s'abstenir de les utiliser dans quelque contexte que ce soit.

En effet, une telle perspective considère également des énoncés sémantiquement vides tels que

« Nègre » signifie nègre[179]

ou des énoncés que l'on trouverait dans un dictionnaire, et qui ne font que mentionner des *slurs*, tels que

« Pédé » est un mot pour désigner les homosexuels

et même des énoncés qui citent les *slurs* pour dénoncer leur caractère sexiste, raciste ou homophobe, comme par exemple:

- *Le mot « salope » est un mot offensant*
- *Personne ne devrait utiliser le mot « nègre »*
- *Le mot « pédé » n'est pas poli*

Ainsi formulée, la théorie sociale semble expliquer trop peu d'éléments linguistiques et n'explique pas clairement pourquoi certains mots devraient faire l'objet d'une interdiction, si ce n'est pour des raisons liées à leur contenu désobligeant. Des stratégies sociales plus convaincantes attribuent la source de l'offensivité des *slurs* au fait que certains choix lexicaux sont typiquement associés à des attitudes négatives: en

---

[176] Cf. Delarre S., « Injures raciales et condition sociale d'après les enquêtes françaises de victimation », *Déviance et Société*, vol. 44, no. 1, 2020, pp. 11–48.

[177] Cf. Anderson L., Lepore E., "Slurring Words", *Noûs*, 47, 2013, pp. 25–48.

[178] Cf. Ibidem.

[179] Cf. Saka P., *How to Think about Meaning*, Dordrecht, Springer, 2007, p. 122.

choisissant d'utiliser « pédé » plutôt qu'une alternative neutre telle que « homosexuel », le locuteur manifeste son approbation du contenu négatif généralement associé à l'insulte[180].

Pour Geoffrey Nunberg[181] également, les *slurs* sont simplement des mots utilisés par les racistes: « racists don't use slurs because they're derogative; slurs are derogative because they're the words that racists use[182] ». En choisissant une *slur* plutôt que son équivalent neutre (qui est le choix par défaut dans l'espace public), le locuteur offense et dénigre parce qu'il signale son affiliation au groupe qui est, en quelque sorte, le « propriétaire » du mot (racistes, homophobes ou misogynes). Nunberg parle d'implicatures « ventriloques[183] », c'est-à-dire de contenus implicites que l'auditeur est légitimé à déduire lorsque l'attente que le locuteur utilise un langage approprié est violée: lorsque nous choisissons d'utiliser *nègre*, un lexème dont nous savons qu'il a la faveur des racistes, c'est comme si nous jouions le rôle d'un raciste, ou comme si un raciste parlait à travers nous. L'idée que ceux qui utilisent une *slur* s'affilient en quelque sorte au groupe des racistes et invoquent des attitudes et des comportements discriminatoires revient dans une autre proposition appartenant au domaine pragmatique, la théorie en termes d'actes linguistiques. Cette proposition a le mérite de combiner efficacement des idées relevant des stratégies sociales et des considérations relevant des stratégies pragmatiques, en mettant fortement en évidence la dimension performative du langage de haine.

---

[180]   Cf. Bolinger R. J., "The Pragmatics of Slurs", *Noûs*, 51, 3, 2017, pp. 439–462.

[181]   Cf. Nunberg G., "The Social Life of Slurs", in Fogal D., Harris D. W., Moss M. (eds.), *New Work on Speech Acts*, Oxford, 2018, pp. 237–296.

[182]   Ibidem, p. 244.

[183]   Cf. Ibidem.

CHAPITRE 3

Quand insulter, c'est faire

3.1 La performativité du langage

Même les exemples ordinaires et quotidiens du discours de haine peuvent être interprétés à travers la grille théorique des actes de langage[184]. Il est donc possible de dresser un tableau plus précis du pouvoir performatif du discours de haine, en se concentrant non pas sur ce que les *slurs* disent ou transmettent implicitement, mais sur ce que les locuteurs font avec les mots de haine.

Le philosophe du langage John L. Austin expose pour la première fois la notion de performatif dans son essai « Other Minds[185] ». Austin tente de faire remonter le sens de « savoir » à son usage performatif, estimant que « Je sais » n'est pas utilisé pour décrire un acte cognitif, mais qu'il a pour fonction d'engager le locuteur dans la vérité de ce qu'il dit. En démontrant les objections à l'usage descriptif de l'expression « je sais », Austin explique pourquoi il est logique de dire « Quand on sait, on ne peut pas se tromper[186] » et, pour l'expliquer, il établit un lien entre « je sais » et « je promets ». Dire « je sais, mais je peux me tromper » est tout aussi problématique que de dire « je promets, mais je peux ne pas tenir ma promesse »: si l'on a une raison spécifique de penser que l'on peut se tromper, on ne doit pas dire que l'on sait, tout comme si l'on est conscient que l'on peut ne pas tenir sa parole, on ne doit pas promettre. En affirmant « S est P », j'implique que je le crois et que j'en suis sûr; en disant « je le ferai », j'implique (au moins) que j'espère le faire et que j'en ai l'intention. Dans de tels cas, cependant, je suis prêt à admettre que ce

---

[184]   Pour ce qui est de l'étude des expressions émotionnelles en relation avec la théorie des actes de langage, on renvoie à : Scarantino A., "How to Do Things with Emotional Expressions: The Theory of Affective Pragmatics", *Psychological Inquiry*, 28(2–3), 2017, pp. 165–185.

[185]   Austin J. L., *Philosophical Papers*, 3ᵉ ed., Oxford University Press, Oxford, 1979.

[186]   Cf. Ibidem, pp. 97–98.

que je crois peut-être faux et que ce que j'ai l'intention de faire peut ne pas être fait. En revanche, lorsque je dis « je sais » et « je promets », je m'engage, je mets ma réputation en jeu, je fais quelque chose comme si j'autorisais mon interlocuteur à se comporter en conséquence. Austin écrit d'ailleurs que:

> If someone has promised me to do A, then I am entitled to rely on it, and can myself make promises on the strength of it: and so, where someone has said to me "I know", I am entitled to say I know too, at second hand. The right to say "I know" is transmissible, in the sort of way that other authority is transmissible. Hence, if I say it lightly, I may be responsible for getting you into trouble[187].

Il est donc évident que pour dire « je sais » - comme pour promettre - il faut être en mesure de le faire. En effet, il est légitime que l'on demande à celui qui dit savoir quelque chose: « Comment le savez-vous? », ce qui oblige le destinataire de la question à montrer que ce qu'il sait fait partie de ce qu'il est capable de savoir. De même, pour la promesse, il y a toujours une obligation de montrer que l'acte de promettre fait partie de ce que l'on a le pouvoir de faire. Une différence entre « je sais » et « je promets » peut résider dans le fait que s'il s'avère que j'ai tort, on en conclura que je ne savais pas; si je ne tiens pas ma promesse, en revanche, on ne dira pas de moi que je n'ai pas promis, mais que je n'ai pas tenu. Austin résout ce contraste apparent en analysant des expressions telles que « je le jure », « je le garantis », « je vous donne ma parole »: les stratégies concernant ce qui est dit lorsque l'engagement n'est pas tenu peuvent varier, mais il est toujours reconnu qu'en prononçant ces mots, le locuteur s'est engagé[188]. Austin conclut son analyse de l'utilisation de « Je sais » en soutenant que considérer cette expression comme descriptive est une erreur, puisque prononcer des phrases rituelles, dans les circonstances appropriées, ne décrit pas l'action que nous faisons, mais la fait[189]. Parmi les expressions qui ne doivent pas être considérées comme descriptives,

---

[187] « Si quelqu'un m'a promis de faire A, j'ai le droit de m'y fier et je peux moi-même faire des promesses sur la base de cette promesse: ainsi, lorsque quelqu'un m'a dit 'je sais', j'ai le droit de dire que je sais aussi, de seconde main. Le droit de dire 'je sais' est transmissible, de la même manière qu'une autre autorité est transmissible. Par conséquent, si je le dis à la légère, je peux être responsable de vous avoir causé des ennuis. » (Ibidem, p. 100).
[188] Cf. Ibidem, pp. 101–102.
[189] Cf. Ibidem, p. 107.

outre les expressions rituelles telles que « je promets », Austin inclut également des expressions ordinaires telles que « je vous préviens » ou « je vous demande », qui rendent explicite la manière dont nous utilisons le langage.

Dans la série de conférences « How to Do Things with Words[190] », Austin développe ses considérations à partir de « Je le promets » et « Je sais », en esquissant une idée de performativité comprise comme la caractéristique de ces énoncés selon laquelle les prononcer dans des circonstances appropriées revient à accomplir une action. Dans la première conférence, Austin propose de considérer les énoncés performatifs par opposition aux énoncés constatifs (prononcer un énoncé constatif, c'est faire une affirmation). Cette distinction n'est, comme Austin le précise lui-même, que provisoire et susceptible d'être révisée ensuite; l'élaboration de la notion de performativité permettra en effet à Austin de montrer que parler est toujours une action, même lorsque nous sommes convaincus d'émettre de simples assertions. Autrement dit, il explique qu'au-delà de la signification réelle et logique du contenu sémantique d'une affirmation, il peut exister une transformation de cette signification en fonction de l'environnement et de la volonté du locuteur. Ce dernier peut utiliser le langage, et donc s'adresser à son audience, dans le but de faire quelque chose, d'agir concrètement.

Les énoncés performatifs[191] sont des énoncés déguisés qui semblent décrire ou affirmer quelque chose, mais qui ne décrivent ou n'affirment rien en réalité, et dont on ne peut pas non plus dire qu'ils sont vrais ou faux. Les performatifs sont des énoncés à la première personne du présent de l'indicatif actif qui ne décrivent pas une action, mais servent à l'accomplir; de plus, l'acte de prononcer la phrase constitue l'accomplissement, ou fait partie de l'accomplissement, d'une action qui ne serait pas normalement décrite comme le simple fait de dire quelque chose[192]. Des exemples de ce type d'énonciation sont: « Oui, je te prends pour mon épouse légitime » prononcé par l'époux lors d'une cérémonie de mariage; « Je baptise ce bateau le *Queen Elizabeth* » prononcé par la marraine lors de l'inauguration du bateau; « Je vous parie six pence qu'il

---

[190]   Austin J. L., *How to Do Things with Words*, 2° ed., Oxford University Press, Oxford, 1975 (Trad. en français: Austin J. L., *Quand dire c'est faire*, Paris, Éditions du Seuil, 1970).

[191]   Cf. Ibidem, pp. 4–7.

[192]   Cf. Ibidem, p. 5.

pleuvra demain ». Cependant, Austin note que dans de nombreux cas, il est possible d'accomplir un acte (comme se marier ou parier) sans avoir besoin de mots (écrits ou oraux): dans certains pays, on peut contracter un mariage en cohabitant ou il est possible de parier en insérant une pièce de monnaie dans la fente d'une machine à sous. L'action peut donc être accomplie de différentes manières, et le contexte (les circonstances appropriées) peut être un moyen alternatif à la forme canonique du performatif. Il est toujours nécessaire que les circonstances dans lesquelles les mots sont prononcés soient appropriées et il est généralement nécessaire que le locuteur lui-même et son interlocuteur accomplissent également d'autres actions, qui peuvent être physiques ou mentales ou inclure la prononciation d'autres mots.

Pour pouvoir réaliser l'action de parier, par exemple, il faut que la proposition de parier ait été acceptée par le destinataire, qui doit avoir fait quelque chose, comme dire « D'accord[193] »: une caractéristique de la notion de performatif se trouve précisément dans cette bilatéralité[194], sans l'accord de l'interlocuteur le performatif n'est pas réalisé et l'action n'est pas accomplie.

Il semblerait donc que pour qu'un énoncé soit considéré comme performatif, il doit être prononcé sérieusement et de manière à être pris au sérieux par ceux qui doivent reconnaître le locuteur dans la position (ou le rôle ou la condition) d'accomplir cette action. Il ne faut cependant pas commettre l'erreur de penser que le sérieux de ce qui est dit découle du fait qu'il s'agit d'un signe extérieur et visible d'un acte accompli intérieurement ou spirituellement; la prononciation d'un énoncé performatif, en effet, pour Austin n'est pas la description (vraie ou fausse) d'un acte accompli intérieurement. Si, en fait, il est généralement vrai que dire « je promets » enregistre une intention, prétendre que promettre n'est pas simplement une question de prononcer des mots mais que c'est un acte intérieur accorderait au promettant une échappatoire: la possibilité d'avoir des raisons (intérieures ou spirituelles) disponibles pour tout manquement à l'engagement[195]. Si les énoncés performatifs ne sont pas des récits d'actes accomplis intérieurement, l'une de leurs caractéristiques réside dans cette opérativité qui prend place dans la dimension publique

---

[193]   Cf. Ivi, p. 9.

[194]   Cf. Sbisà M., *Linguaggio, Ragione, Interazione. Per una teoria pragmatica degli atti linguistici*, Bologna, Il Mulino, 1989.

[195]   Cf. Austin J. L., *How to Do Things with Words*, cit., p. 10.

et intersubjective de « donner sa parole[196] ». L'énonciation performative est étroitement liée à l'idée d'opérativité: dans la conférence « Performative Utterances[197] », Austin explique en effet que le terme le plus proche de *performatif* est précisément *opératif* dans le sens où il est utilisé dans le domaine du droit. En délimitant les instruments juridiques, les juristes distinguent le préambule qui définit les circonstances dans lesquelles une transaction a lieu et la partie qui est effectivement opérante, c'est-à-dire celle qui réalise l'acte juridique que l'instrument est censé accomplir: « Je donne et lègue ma montre à mon frère » est un énoncé performatif et constitue une clause opérante[198]. Pour que les énoncés performatifs soient effectivement opératoires, à savoir pour qu'ils produisent des effets conventionnels, ils doivent remplir certaines conditions qu'Austin décrit dans les points suivants:

1. une procédure conventionnellement établie, impliquant la prononciation de ce type d'énoncé, est nécessaire pour accomplir cet acte;
2. les circonstances doivent être appropriées ;
3. la procédure doit être exécutée correctement et complètement ;
4. les états psychologiques du locuteur (sentiments, pensées, intentions) doivent coïncider avec ce qui est envisagé par la procédure ;
5. le locuteur doit adopter un comportement conforme à ce qui est prévu par la procédure[199].

Lorsque ces conditions ne sont pas remplies, on encourt soit des coups vides (où l'acte est prétendu, mais nul), soit des abus (où l'acte est affiché, mais nul). L'acte est nul si l'agent n'est pas dans les conditions requises pour agir: l'une des conditions d'opportunité de la procédure peut ne pas être remplie (ce sont les cas d'invocation abusive, comme si l'on baptisait un chien au lieu d'une personne), mais l'acte peut également être nul (par analogie avec une procédure judiciaire) en cas d'exécution abusive (une cérémonie qui n'est pas pleinement réalisée, comme un mariage interrompu pour une raison ou une autre); « acte nul », précise Austin, ne signifie pas que rien n'aura été fait, diverses choses auront été faites, mais pas l'acte revendiqué; de plus, ici « sans effet » ne signifie pas « sans

---

[196] Cf. Ivi, p. 236.
[197] Cf. Austin J. L., *Philosophical Papers*, cit., pp. 233–252.
[198] Cf. Ibidem, p. 236.
[199] Cf. Austin J. L., *How to Do Things with Words*, p. 15.

conséquences, sans résultats[200] ». L'abus, quant à lui, se produit lorsque l'agent prononce l'énoncé sans être véridique ou lorsqu'il rompt ou viole l'engagement pris. Un exemple d'abus serait de ne pas tenir sa parole ou de prononcer un énoncé tel que « Je vous souhaite la bienvenue » et de traiter ensuite la personne comme un intrus. Les conditions de félicité ou d'adéquation ne s'appliquent toutefois pas uniquement aux actions performatives, il existe également des constatations adéquates ou inadéquates. Dire qu'il y a cinquante personnes dans la pièce voisine sans y être entré peut-être une supposition ou une hypothèse, mais ce n'est pas affirmer: pour pouvoir affirmer, il faut être en position de le faire[201]. Les références contextuelles sont essentielles pour établir la condition de vérité d'une affirmation qui dépend non seulement de la signification des mots, mais aussi de l'acte accompli et des circonstances[202]. En outre, Austin affirme qu'il est essentiel de comprendre que les notions de « vrai » et « faux » indiquent une dimension générale d'être une chose juste, correcte à dire par opposition à une chose incorrecte à dire, dans ces circonstances, à cet interlocuteur, pour ces buts et avec ces intentions[203]. Au cours de la discussion des critères possibles pour isoler les énoncés performatifs, Austin se concentre sur le rôle des verbes à la première personne du présent de l'indicatif actif. Si, dans l'énoncé d'un performatif, une action est accomplie, on ne peut ignorer que les actions ne peuvent être accomplies que par des personnes et que, dans le cas de l'énoncé d'un performatif, la personne qui le prononce est l'exécutant de l'action. Si dans la formule verbale du performatif il n'y a pas de référence au sujet qui accomplit l'énoncé (et donc l'action) au moyen du pronom « je », la référence au sujet peut en effet se produire de deux manières

— dans les énoncés verbaux par le fait qu'il est à l'origine de l'énoncé, celui qui énonce;
— dans le langage écrit par l'apposition de sa signature.

Le penchant pour le critère de la « première personne » est donc motivé par des raisons qui ne sont pas strictement grammaticales:

---

[200]   Cf. Ivi, p. 17.
[201]   Cf. Ibidem, p. 138.
[202]   Cf. Ibidem, p. 145.
[203]   Cf. Ibidem.

The "I" who is doing the action does thus come essentially into the picture. An advantage of the original first person singular present indicative active form – or likewise of the second and third and impersonal passive forms with signature appended – is that this implicit feature of the speech-situation is made *explicit*[204].

La réflexion sur l'autoréférence à soi est donc étroitement liée à celle sur la notion d'explicitation. Tout énoncé effectivement performatif devrait pouvoir être reformulé en un énoncé avec un verbe à la première personne du singulier du présent de l'indicatif actif: « Hors-jeu » prononcé par le juge de ligne équivaut à « Je déclare/établis/décrète le hors-jeu ». Une telle reformulation explicite d'une part le fait que l'énoncé est performatif, et d'autre part le type d'action accomplie[205]. La distinction préliminaire entre performatif et constatif était basée sur le fait qu'en prononçant un énoncé performatif, on fait quelque chose par opposition à simplement dire quelque chose et sur la caractéristique du performatif d'être heureux ou malheureux, par opposition à vrai ou faux. Cependant, si on examine les énoncés constatifs, dont l'assertion peut être considérée comme le cas paradigmatique, il ne serait pas incorrect de soutenir qu'en affirmant, on fait néanmoins quelque chose: « J'affirme qu'il ne l'a pas fait » ne fonctionne pas différemment de « J'atteste qu'il ne l'a pas fait », « Je suggère qu'il ne l'a pas fait », « Je parie qu'il ne l'a pas fait ». La forme non explicite de l'énoncé « Il ne l'a pas fait » peut-être transformée de manière à rendre explicite ce que nous faisons en le prononçant (affirmer, attester, suggérer ou parier). Dans ces cas, il n'y a pas de conflit entre le fait de prononcer un énoncé, c'est faire quelque chose, et le fait que l'énoncé prononcé soit vrai ou faux[206]. En ce qui concerne la seconde opposition selon laquelle les performatifs seraient heureux ou malheureux et les assertions vraies ou fausses, l'analyse d'Austin conduit à constater que les assertions sont exposées à tous les dangers de se trouver dans une situation d'infélicité des performatifs. L'assertion « Le chat est sur le paillasson » implique que celui qui la prononce croit que le chat est sur le paillasson de la même manière que « Je promets que je serai là » implique que j'ai l'intention

---

[204] « Le 'je' qui fait l'action entre donc essentiellement en ligne de compte. L'avantage de la forme active originale du présent de l'indicatif à la première personne du singulier - ou des formes passives de deuxième et troisième personne et impersonnelles avec signature - est que cette caractéristique implicite de la situation de discours est rendue explicite. » (Ibidem, p. 61).

[205] Cf. Ibidem, p. 62.

[206] Cf. Ibidem, p. 134.

d'être là[207] et n'est pas dans une situation de félicité si celui qui la prononce n'a pas cette croyance:

> Once we realize that what we have to study is *not* the sentence but the issuing
> of an utterance in a speech-situation, there can hardly be any longer a possibi
> lity of not seeing that stating is performing an act[208].

La distinction entre performatifs et constatifs est dépassée par Austin dans
le cadre d'une élaboration globale du langage comme action[209]. Ce qui était
initialement posé comme une théorie relative à quelques énoncés spécifiques, les performatifs, finit par être reconsidéré à la lumière du fait que
dans tous les énoncés, même dans ceux qui ne sont pas explicitement performatifs, on peut tracer la dimension de félicité, tandis que dans de nombreux énoncés qui ne sont pas purement constatifs, on peut tracer celle de
la vérité. De la distinction initiale, il reste donc deux idées: lorsqu'on parle
d'énoncés performatifs, on met l'accent sur l'aspect opératoire de l'énoncé,
sur sa capacité à produire des effets conventionnels dans des circonstances
appropriées; lorsqu'on parle d'énoncés constatifs, on minimise cette opérativité pour se concentrer sur la dimension du dire.

Cependant, quant aux conditions de félicité, Austin constate que tout
énoncé peut engendrer un échec, y compris les énoncés constatifs[210]. C'est
donc à partir de ce constat qu'il étend la performativité à tous les types
d'énoncés. C'est pourquoi il décide d'établir une typologie d'actes de langage[211] qui visent à « agir » par leur énonciation : l'« acte locutoire », dont

---

[207] Cf. Ivi, pp. 136–137.

[208] « Une fois que l'on a compris que ce que l'on doit étudier n'est pas la phrase mais
l'émission d'un énoncé dans une situation de parole, il n'est plus possible de ne pas
voir que l'énoncé accomplit un acte. » (Ibidem, p. 139).

[209] Cf. Sbisà M., *Linguaggio, Ragione, Interazione. Per una teoria pragmatica degli atti
linguistici*, cit.

[210] Cf. Bracops M., *Introduction à la pragmatique. Les théories fondatrices: actes de
langage, pragmatique cognitive, pragmatique intégrée*, Louvain-la-Neuve, De Boeck
Supérieur, 2010.

[211] « Egli ammette che qualsiasi frase completa corrisponde, nell'uso, alla realizzazione di almeno un atto linguistico, e distingue tre tipi di atti linguistici. Il primo
è un atto locutorio, quello che si compie col semplice fatto di dire qualcosa; il
secondo è un atto illocutorio, che si compie nel dire qualcosa; il terzo è un atto
perlocutorio che si compie col dire qualcosa » (Il admet que toute phrase complète
correspond, dans son utilisation, à la réalisation d'au moins un acte linguistique,
et distingue trois types d'actes linguistiques. Le premier est un acte locutoire, ce
qui se fait en disant simplement quelque chose; le second est un acte illocutoire,

le mot renvoie à un référent, l'« acte illocutoire », dont l'énoncé se traduit par une action (un ordre, une menace, une demande, etc.), et finalement l'« acte perlocutoire », dont l'énoncé provoque des effets concrets, au-delà de la compréhension du contenu sémantique de l'énoncé.

3.2 Insultes et performativité du discours de haine

Pour ce qui est du discours de haine, les approches qui mettent en évidence l'aspect performatif de ce discours sont liées notamment à la philosophie continentale et, en particulier, à la pensée française :

> Ainsi Jacques Derrida […] a-t- il proposé l'idée selon laquelle la force des énoncés performatifs résiderait dans la possibilité de les répéter à l'infini plutôt que dans leur forme. Ce caractère citationnel des énoncés, c'est-à-dire leur *itérabilité*, appartient selon lui à chaque signe. Quant au pouvoir performatif, il proviendrait de la force de rupture par laquelle l'énoncé se détache d'autres énoncés qu'il répète et qui l'ont généré. Ce postulat est donc lie au dialogisme et à la circularité (ou intertextualité) caractérisant tout langage : le sujet parlant ne peut jamais contrôler les contextes dans lesquels ses énoncés apparaissent ultérieurement […]. Quant à Pierre Bourdieu […], il a mis l'accent sur l'importance de l'autorité de la personne qui profère l'énoncé pour que celui-ci puisse être pourvu d'une force performative. Dans la plupart des approches poststructuralistes, on considère comme acquis le fait que tous les énoncés, y compris les constatifs, qui décrivent et déclarent sans accomplir l'acte qu'ils désignent, sont dotés d'un potentiel performatif[212].

Or, dans ce domaine on peut parler d'actes linguistiques de subordination, et même le faire dans deux sens différents, correspondant aux aspects illocutoires et perlocutoires. Dans le sens perlocutoire, les exemples ordinaires de discours de haine provoquent la subordination, produisent des changements dans les croyances et les comportements, y compris des comportements de discrimination et de violence. Au sens illocutoire, les discours de haine ordinaires constituent en eux-mêmes des formes de

---

qui se fait en disant quelque chose; le troisième est un acte perlocutoire qui se fait par le fait de dire quelque chose). Reboul A., Moeschler J., *La pragmatica oggi. Una nuova scienza della comunicazione*, Edizione italiana e apparato critico di Michele Costagliola d'Abele, Fasano, Schena Editore, 2011, pp. 50–51.

[212] Vernet S., Määttä S. K., « Modalités syntaxiques et argumentatives du discours homophobe en ligne : chroniques de la haine ordinaire », *Mots. Les langages du politique*, vol. 125, no. 1, 2021, pp. 35–51, pp. 39–40.

subordination, car ils renforcent des hiérarchies injustes, légitiment des croyances et des comportements discriminatoires et incitent à la violence.

Nous utilisons l'expression « thèse de la subordination » pour désigner le sens illocutoire de la subordination, dans lequel le discours de haine permet à ses utilisateurs de construire, de renforcer et de légitimer des hiérarchies et des pratiques sociales injustes[213]. Cette thèse s'applique non seulement aux propos contenant des insultes, mais aussi aux phrases, discours et images qui, sans contenir d'expressions explicitement dénigrantes, servent à créer, consolider et propager la haine et l'injustice à l'égard d'individus et de catégories sociales.

La thèse de la subordination se décline en trois actes illocutoires[214] :

(a) les actes de subordination à visée institutionnelle;
(b) les actes de subordination à visée agressive;
(c) les actes de subordination à visée de propagande.

Ces types d'actes formels, par lesquels les locuteurs émettent des politiques, des directives, des réglementations ou des lois réelles à caractère discriminatoire, sont souvent explicitement normatifs par nature.

(a) Dans des circonstances appropriées, les locuteurs peuvent accomplir des actes linguistiques de subordination à caractère institutionnel - par lesquels des systèmes d'oppression sont établis ou articulés. Ces actes sont généralement accomplis au moyen d'énoncés lourds de sens, mais apparemment aseptiques, tels que

Les Noirs ne peuvent pas voter
(formulé, par exemple, dans l'Afrique du Sud de l'apartheid).

---

[213] Cf. Langton R., *Beyond Belief: Pragmatics in Hate Speech and Pornography*, in Maitra, McGowan, 2012, pp. 72–93; Langton R. *et al.*, *Language and Race*, in Russell G., Graff Fara D. (eds.), *The Routledge Companion to the Philosophy of Language*, New York, Routledge, 2012, pp. 753– 766; Langton R., *The Authority of Hate Speech*, in Gardner J., Green L., Leiter B. (eds.), *Oxford Studies in Philosophy of Law*, Oxford, Oxford University Press, vol. III, 2018, pp. 123–152; Bianchi C., *The Speech Acts Account of Derogatory Epithets: Some Critical Notes*, in Dutant J., Fassio D., Meylan A. (eds.), *Liber Amicorum Pascal Engel*, Genève, Université de Genève, 2014, pp. 465–480.

[214] Cf. Langton R. *et al.*, *Language and Race*, cit., p. 758.

Toujours dans le cadre de l'émission de directives, mais dans des contextes plus informels, les actes de subordination peuvent parfois être accomplis avec des énoncés contenant des *slurs* tels que

> *Dans cet établissement, nous ne servons pas de nègres*

prononcé dans un restaurant de Louisville, Kentucky, dans les années 1960[215].

(b) Les locuteurs peuvent accomplir des actes de subordination ayant un caractère d'agression ou d'attaque, dans lesquels des individus et des groupes cibles sont visés. Les actes d'agression sont caractéristiques (mais pas exclusivement) des discours de haine à la deuxième personne, dans lesquels on s'adresse directement à la cible pour la blesser, comme dans les cas suivants

> *Pédé !*

Ou

> *Terroriste !* (prononcé à l'égard d'un garçon musulman).

Avec *Pédé !* ou *Terroriste !*, le locuteur ne fait pas une affirmation, ne décrit pas un état de fait, mais attaque sa cible, la blesse et la dégrade. L'accent est mis sur les victimes de ces actes: les mots sont utilisés comme des armes de violence verbale[216].

(c) Dans d'autres cas, les locuteurs accomplissent des actes de subordination ayant un caractère de propagande ou d'incitation à la discrimination, à la haine et à la violence. Les actes linguistiques de propagande sont généralement (mais pas exclusivement) réalisés à la troisième personne, comme dans les cas suivants :

- *Gabriel Attal est un enculé*
- *Les musulmans sont des terroristes*

Ici, l'accent est mis sur les destinataires et les auditeurs (et non sur les cibles): le locuteur ne se contente pas de mettre en avant un certain point de vue sur les hommes homosexuels ou les musulmans, mais invite simultanément les destinataires à le partager. Les *slurs* sont en cela un

---

[215]   Cf. Bianchi C., *Hate speech. Il lato oscuro del linguaggio*, cit.
[216]   Cf. Richard M., *When Truth Gives Out*, Oxford, Oxford University Press, 2008.

outil particulièrement puissant: le fait qu'elles utilisent des étiquettes aptes - par leurs caractéristiques linguistiques mêmes - à communiquer le mépris et la haine envers des individus du fait de leur simple appartenance à certains groupes sociaux indique que l'évaluation négative est si répandue dans la société qu'elle a été déposée dans le discours de haine, présentant le mépris et la haine comme partagés et contribuant ainsi à les normaliser, et par conséquent à les légitimer.

On peut noter que les trois types d'actes illocutoires peuvent également être conçus comme trois aspects d'un acte unique, appelé subordination, parce qu'il établit ou renforce des hiérarchies sociales injustes et des comportements discriminatoires.

Concevoir les *slurs* dans le cadre de la théorie des actes de langage permet de rendre compte de manière convaincante de certains de leurs traits caractéristiques.

Tout d'abord, l'aspect stable et systématique de leur potentiel de dénigrement. La *slur* est l'un des moyens conventionnels que le locuteur utilise pour manifester au destinataire la force illocutoire de son acte de subordination. Dans la théorie austinienne, le locuteur, pour signaler au destinataire le type d'acte qu'il accomplit, peut utiliser des moyens conventionnels, tels que l'utilisation d'un performatif explicite ou d'un mode verbal particulier: l'ordre de tirer de la police dans un film ou une série télévisée, par exemple, peut être exécuté avec une formule performative (« Je t'ordonne de tirer ») ou avec le mode impératif (« Tirez sur lui! »). Or, les *slurs* sont, comme les formules performatives, des dispositifs conventionnels qui permettent typiquement d'accomplir des actes linguistiques de subordination et de les signaler au destinataire. Cette interprétation permet de rendre compte de l'indépendance du potentiel offensif des *slurs* par rapport aux états mentaux du locuteur. Dans le cadre de la théorie des actes de langage, le locuteur, en utilisant une *slur* dans des contextes standards (non réappropriatifs ou pédagogiques), accomplit un acte de subordination à l'égard d'un individu et d'une catégorie cibles, quel que soit leur état mental. Le locuteur invoque en effet une procédure conventionnelle indépendante de ses croyances, attitudes ou intentions.

Le fait que les *slurs* soient des dispositifs conventionnels qui permettent généralement de réaliser des actes de persécution ou de propagande justifie les limites sociales strictes de leur utilisation: la simple mention d'une *slur* renvoie à des actes de subordination - et constitue donc généralement une violation des normes sociales. Pourtant, des contextes particuliers, tels que ceux de la réappropriation, permettent à des locuteurs spécifiques (par exemple des membres du groupe cible) d'utiliser des dispositifs conventionnels de subordination pour accomplir des actes illocutoires non dénigrants: pour contester un discours discriminatoire; pour dénoncer le contenu raciste, homophobe ou sexiste véhiculé par des usages ordinaires de *slurs*; pour exprimer la solidarité avec les membres de son propre groupe social.

Enfin, les *slurs* réalisent non seulement la dimension évaluative et classificatoire du discours de haine contre des individus et des groupes cibles (actes d'agression), mais aussi le rôle idéologique qu'il joue à l'égard de ceux qui sont simplement exposés à un discours de haine contre d'autres (actes de propagande): l'emploi d'insultes et de mots de haine peut constituer donc non seulement un symptôme de racisme, de misogynie ou d'homophobie de la part du locuteur, mais aussi un soutien actif au racisme, à la misogynie et à l'homophobie[217].

La dimension propagandiste du langage de haine est particulièrement évidente dans les *slurs* en fonction du sexe ou de l'orientation sexuelle. Le nombre de *slurs* faisant référence à la prostitution féminine[218] indique le poids du contrôle social sur la sexualité des femmes, ainsi que la réduction substantielle des femmes à leur sexualité. En effet, les *slurs* telles que *salope* et *pute* sont utilisées non seulement pour attaquer les femmes dont la conduite sexuelle est jugée trop désinhibée, mais plus généralement pour stigmatiser les attitudes et les conduites qui ne sont pas conformes aux normes de genre, au premier rang desquelles la participation à la sphère publique. Dans le même temps, les *slurs* et les insultes jouent un rôle de propagande à l'égard des femmes: les usages dépréciatifs, même s'ils s'adressent à un groupe, rebondissent sur les spectatrices comme une sorte de boomerang qui trace les limites des comportements acceptables pour les femmes[219].

De même, les *slurs* utilisées à l'encontre des hommes homosexuels, outre la fonction évidente de censure des individus, des comportements

---

[217]   Cf. Popa-Wyatt M., *Slurs, Pejoratives, and Hate Speech*, in Duncan Pritchard (ed.), *Oxford Bibliographies in Philosophy*, Oxford, Oxford University Press, 2020.

[218]   Cf. Clair I., « S'insulter entre filles. Ethnographie d'une pratique polysémique en milieu populaire et rural », *Terrains & travaux*, vol. 31, no. 2, 2017, pp. 179–199.

[219]   Cf. Tirrell L., *Genocidal Language Games*, in Maitra, McGowan, 2012, pp. 174–221, p. 192.

et des affections considérés comme déviants ou immoraux, opèrent également comme un mécanisme de discipline à l'encontre de ceux qui ne font pas partie du groupe cible. Pour Cheri Jo Pascoe[220], par exemple, les insultes homophobes jouent aux États-Unis un rôle central dans la construction de la masculinité des adolescents américains, également façonnée en opposition à « fag » (*pédé*).

La question de l'autorité du locuteur est potentiellement très problématique pour la conception du discours de haine en termes d'actes linguistiques de subordination : en effet, ceux qui utilisent le discours de haine ont-ils réellement l'autorité nécessaire pour déformer le sens des mots des femmes et des minorités, pour les empêcher de faire des choses avec leurs mots, pour les discriminer et pour renforcer des hiérarchies injustes ?

Les actes linguistiques réalisés avec le discours de haine sont classés comme des verdictifs (acquitter, condamner, prononcer, décréter, classer, évaluer, etc.) ou des exercitifs (commander, dégrader, ordonner, léguer, etc.) - des énoncés qui évaluent les individus et les groupes, accordent des droits et des privilèges à certains, et privent d'autres de droits et de privilèges, modifiant les limites de ce qu'il est permis de dire et de faire dans un certain domaine.

Les conditions de permissivité instituées par le discours de haine, en revanche, sont illégitimes et peuvent avoir pour conséquence de subordonner les individus et les groupes: non seulement elles classent certains individus comme inférieurs, mais la classification à laquelle elles donnent lieu est injuste; non seulement elles les privent de droits et de pouvoirs, mais cette privation est inique; non seulement elles légitiment certains comportements à leur égard, mais ces comportements sont discriminatoires. La racine de l'injustice est toujours la même: les classifications, les discriminations et les privations de droits sont motivées uniquement par l'appartenance à des catégories sociales particulières.

L'appartenance à une minorité discriminée peut ainsi donner lieu à une autre forme d'asymétrie. De fait, Claudia Bianchi[221] estime que l'appartenance à un groupe social défavorisé peut en effet empêcher systématiquement l'accomplissement d'actes de subordination à l'encontre

---

[220]   Cf. Pascoe C. J., *Dude, You're a Fag: Masculinity and Sexuality in High School*, Berkeley, University of California Press, 2007.

[221]   Cf. Bianchi C., *Hate speech. Il lato oscuro del linguaggio*, cit.

de membres de groupes privilégiés, lorsque la subordination se fonde précisément sur les traits (sociaux ou naturels) qui identifient le locuteur comme appartenant à un groupe discriminé. Autrement dit, selon sa perspective d'analyse, une femme ne pourrait accomplir un acte de subordination à l'encontre d'un homme en tant qu'homme, un homosexuel ne pourrait accomplir un acte de subordination à l'encontre d'un hétérosexuel en tant qu'hétérosexuel, le membre d'une minorité ethnique ne pourrait accomplir un acte de subordination à l'encontre du membre d'une majorité en tant que tel.

Or, l'offense conduit à la dépréciation et à la dévalorisation par un mécanisme que l'on appelle en anglais *pejoration* et que l'on pourrait traduire en français par « utilisation de termes péjoratifs », à savoir d'expressions dysphémiques qui encodent et, lorsqu'elles sont utilisées, véhiculent une évaluation négative de la cible. Selon certains théoriciens de l'usage péjoratif, l'utilisation de dysphémismes exprime une attitude cognitive à l'égard des référents qui se situe d'abord dans la sphère axiologique pré-prédictive (sphère de la connaissance et de l'évaluation), et qui n'acquiert ou ne peut acquérir une expression linguistique que plus tard[222]. Les variations lexicales des sens péjoratifs et amélioratifs sont souvent le reflet des changements sociaux et des usages linguistiques. L'étude des formes dysphémiques nécessite de comprendre quelles composantes sémantiques sont activées dans les expressions péjoratives et quels mécanismes conduisent à la constitution d'un sens péjoratif. Selon le modèle de Björn Technau, on peut distinguer quatre composantes sémantiques dans chaque lexème péjoratif: une composante référentielle, une composante expressive, une composante évaluative et une composante scalaire, à savoir la force dérogatoire[223]. La composante référentielle renvoie à l'extension. Si l'on veut désigner une personne de sexe féminin, on peut utiliser des mots tels que « femme », « madame », « nana », « putain » ou « pute ». Dans tous ces mots, nous avons les mêmes traits sémantiques: un être humain de sexe féminin. En utilisant les mots vernaculaires « nana », « putain » ou « pute », le locuteur recourt à une métonymie exprimant l'attirance sexuelle qu'exerce une personne de sexe

---

[222] Cf. Finkbeiner R., Meibauer J., Wiese H., *Pejoration*, Amsterdam/Philadelphia, John Benjamins, 2016, p. 2: "We assume that pejoration is associated with a cognitive attitude and thus part of a conceptual domain distinct of language".

[223] Cf. Technau B., *Beleidigungswörter. Die Semantik und Pragmatik pejorativer Personenbezeichnungen*, Berlin, De Gruyter, Berlin, 2018, pp. 69–142.

féminin, donc un domaine traditionnellement frappé de tabou. Le choix lexical d'une expression dénigrante engage le locuteur dans la propagation du contenu dépréciatif. La *Derogatory Autonomy*[224], c'est-à-dire le fait qu'une expression ait un contenu dérogatoire en tant que composante du sens indépendamment de son utilisation, empêche d'une part le locuteur individuel de décider lui-même si et dans quelle mesure son utilisation d'un péjoratif sera dépréciative et/ou offensante, et permet d'autre part au locuteur de faire ses propres choix lexicaux en fonction de ce qu'il sait de la capacité dénigrante et/ou offensante de cette expression concrète.

3.3 Discours de haine et émotions : un bref aperçu

Au regard des travaux relevant d'autres domaines[225], la question des émotions par rapport au discours de haine apparaît moins documentée dans le domaine des sciences du langage. Si la dimension pathémique a fait l'objet de certaines études, notamment en tant que caractéristique définitoire des discours de haine directe[226], le rôle et la place des affects dans l'analyse du discours haineux et dans sa catégorisation restent encore à approfondir.

La haine, comme « passion triste[227] », est portée par des émotions – colère, peur, dégoût, honte, ressentiment, entre autres – qui sont adressées vers un ou une autre (devenu objet de la haine) et activées par des blessures, entre histoires individuelles, contextes sociopolitiques et conflits idéologiques. Ces émotions traversent alors des haines qui s'expriment en discours selon différentes modalités[228]. Les émotions peuvent

---

[224] « The derogatory force for any epithet is independent of the attitudes of any of its particular speakers » (Cf. Hom C., «The semantics of racial epithets», cit.).

[225] Entre autres: Delaplace M., *Les discours de la haine. Récits et figures de la passion dans la cité*, Villeneuve d'Asc, Presses universitaires du Septentrion, 2009 ; Moïsi D., *La géopolitique des émotions*, Paris, Flammarion, 2009 ; Négrier E., Faure A., *La politique à l'épreuve des émotions*, Rennes, Presses universitaires de Rennes, 2017 ; De Saussure L., Wharton T., « La notion de pertinence au défi des effets émotionnels », *TIPA. Travaux interdisciplinaires sur la parole et le langage* [En ligne], 35, 2019. URL : http://journals.openedition.org/tipa/3068 ; DOI : https://doi.org/10.4000/tipa.3068.

[226] Lorenzi Bailly N., Moïse C. (dir.), *Discours de haine et de radicalisation. Les notions clés*, Lyon, ENS Éditions, 2023.

[227] Spinoza B., *L'Éthique*, Paris, Gallimard, 1677 [2007].

[228] Lorenzi Bailly N., Moïse C. (dir.), *Discours de haine et de radicalisation. Les notions clés*, cit.

se manifester à travers des « énoncés d'émotion[229] » qui disent directement ce qui est ressenti (par exemple « je suis atterré ») de façon axiologique (par exemple « c'est révoltant ») voire « volcanique[230] » ou « non
contenue[231] » à l'égard d'autrui. D'une autre façon, l'expression pathémique dans les discours, qui va pousser celui ou celle qui prend la parole
à provoquer colère, mépris ou pitié, permet de faire circuler la haine,
voire de l'amplifier. Les émotions se disent également par les mises en
récit d'un événement[232] qui visent à partager ce qui ne peut être retenu
dans des réactions vives où s'expriment indignations et oppositions, mais
aussi injustices et inégalités. On peut remarquer que le discours de haine
questionne alors ce qui est au centre des préoccupations sociales.

---

[229] Plantin C., *Les bonnes raisons des émotions. Principes et méthode pour l'étude du discours émotionné*, Berne, Peter Lang, 2011.

[230] Beebe J., "Basic Concepts and Techniques of Rapid Appraisal", *Human Organization*, 54(1), 1995, pp. 42–51.

[231] Culperer J., *Impoliteness: Using language to cause offence*, Cambridge, Cambridge University Press, 2011.

[232] Cf. Rimé B., *Le partage social des émotions*, Paris, Presses universitaires de France, 2009.

CHAPITRE 4

Se réapproprier l'insulte

4.1 La récupération positive de l'insulte

D'un point de vue performatif, la racine commune de l'offensivité des *slurs* est identifiée dans leur fonction d'attaque des individus en vertu de leur simple appartenance à un groupe, et en même temps d'incitation à partager un certain point de vue sur ces individus, voire à adopter un comportement discriminatoire à leur égard. Nous avons vu comment les *slurs* ne se contentent pas de décrire des individus et des groupes avec des connotations négatives et péjoratives, mais contribuent également à fomenter la division et l'hostilité, à donner lieu à des classifications et à des hiérarchies qui, à leur tour, légitiment des comportements de discrimination et de violence. Lynne Tirrell[233] identifie trois autres caractéristiques des *slurs* qui soulignent leur pouvoir performatif:

- Les *slurs* ont avant tout pour fonction de tracer une ligne de démarcation entre le groupe d'appartenance et le groupe d'exclusion, entre ceux qui font partie du groupe et ceux qui n'en font pas partie: autrement dit, elles servent à désigner certains individus comme n'appartenant pas à notre groupe, à les marquer comme étant différents de nous, à construire un « nous » et un « eux ».

- Les *slurs* jouent alors un rôle d'essentialisation des catégories sociales. Certaines étiquettes communiquent un message négatif qui semble porter sur des aspects essentiels des cibles, sur des traits qui peuvent être ramenés à leur « nature ». De fait, elles semblent présupposer, entre le groupe d'appartenance et le groupe d'exclusion, des différences intrinsèques (dans certains cas même biologiques), qui seraient à leur tour à l'origine de différences morales ou culturelles, en renforcent ainsi la hiérarchie sociale.

---

[233] Cf. Tirrell L., *Genocidal Language Games*, in Maitra, McGowan, 2012, pp. 174–221.

– Les *slurs* incitent à l'action: elles incitent à certaines actions et, ce faisant, les légitiment, délimitant les types de traitement autorisés et appropriés à l'égard des individus ciblés. Effectivement, cette caractéristique est d'autant plus problématique s'il existe un lien avec les réseaux de discrimination, y compris, mais pas seulement, les réseaux institutionnels, avec toute leur histoire d'oppression et de censure sociale. Le lien avec des appareils plus vastes et organisés ne doit cependant pas être conscient: on peut prendre part à une pratique vicieuse de subordination de manière superficielle, simplement en utilisant des mots à la légère.

Cependant, Bianchi[234] considère qu'il est possible de distinguer au moins deux types de contextes d'utilisation par les membres du groupe cible qui sont généralement considérés comme non insultants:

1. les contextes amicaux, dans lesquels les membres du groupe cible utilisent la *slur* de manière non offensante pour exprimer leur solidarité et leur intimité d'une manière qui n'est pas nécessairement consciemment politique;
2. les contextes de réappropriation réelle, dans lesquels les associations de défense des droits des groupes concernés revendiquent l'utilisation de la *slur* comme instrument de lutte politique consciente (c'est le cas de « queer »). Dans ce type de contexte, on peut également inclure les utilisations par des artistes (écrivains, poètes, auteurs de chansons, dramaturges, comédiens) qui se réapproprient les *slurs* pour subvertir les normes socioculturelles dominantes.

Le potentiel offensant d'une *slur* contribue au contenu (au sens étroit ou large) dans chaque contexte. Le problème qui se pose alors est d'expliquer comment il est possible que toutes les occurrences de la *slur* ne soient pas offensantes, comme dans le cas des utilisations réappropriées. Si l'offense fait partie de la signification (exprimée ou transmise), comment peut-il y avoir des utilisations non offensantes?

Du point de vue du contenu, l'expression *pédé* serait ambiguë entre un sens offensant (dans les usages des non-membres du groupe cible) et un sens non offensant (dans les usages des membres du groupe cible);

---

[234]   Bianchi C., "Il lato oscuro delle parole: epiteti denigratori e riappropriazione", *Sistemi Intelligenti*, XXVII, 2, 2015, pp. 285–301.

mais ni les stratégies sémantiques ni les stratégies pragmatiques ne clarifient de manière satisfaisante pourquoi un non-membre ne peut pas légitimement utiliser le sens non injurieux de *pédé* (ou vice-versa).

La stratégie sociale se contente de noter qu'une *slur* peut être utilisée de manière non offensante par les membres du groupe cible, puisque l'appartenance au groupe lui-même constitue une sorte de clause suspensive pour l'interdiction, exactement comme il existe des exceptions à un embargo. L'approche de Hom[235] et Jennifer Hornsby[236] est tout à fait différente en ce qui concerne les contextes de réappropriation réels, dans lesquels les associations défendant les droits des groupes concernés revendiquent l'emploi de la *slur* en tant qu'instrument de revendication identitaire.

Selon Hom[237], la pratique politique de réappropriation par les membres du groupe cible permet de:

a) de s'emparer du pouvoir politique des racistes, en transformant l'un de leurs instruments de discrimination;
b) de renforcer les membres, en les désensibilisant à l'offense;
c) d'exprimer la solidarité et l'intimité, en consolidant le lien entre les membres du groupe;
d) rappeler au groupe cible son statut d'objet de discrimination.
   Pour sa part, Hornsby[238] souligne d'autres caractéristiques de la réappropriation, qui ne se limite pas à donner un nouveau sens au terme incriminé. Les usages communautaires sont en effet
e) des utilisations par des individus ou des communautés qui s'opposent ouvertement aux attitudes des utilisateurs habituels des *slurs*;
f) des usages qui ne se contentent pas de remplacer ceux qui sont offensants: ils jouent sur le fait que le mot a un sens offensant.

Or, selon Bianchi[239], ces usages doivent être conçus comme des « usages échoïques »: les membres du groupe cible se font l'écho d'usages offensants

---

[235] Cf. Hom C., "The Semantics of Racial Epithets", cit.

[236] Cf. Hornsby J., "Meaning and Uselessness: How to Think about Derogatory Words", *Midwest Studies in Philosophy*, XXV, 2001, pp. 128–141.

[237] Cf. Hom C., "The Semantics of Racial Epithets", cit.

[238] Cf. Hornsby J., "Meaning and Uselessness: How to Think about Derogatory Words", cit.

[239] Cf. Bianchi C., "Slurs and Appropriation: An Echoic Account", *Journal of Pragmatics*, 66, 2014, pp. 35–44; Bianchi C., "Il lato oscuro delle parole: epiteti denigratori e riappropriazione", cit.;

et dénigrants dans des situations qui montrent clairement que ces usages ne sont pas partagés.

Dans de nombreux contextes, l'effet est ironique: on se fait l'écho de pensées ou d'énoncés que le locuteur attribue à d'autres afin de s'en dissocier ou de s'en moquer.

On prend un exemple d'usage amical, dans lequel un membre du groupe cible utilise une *slur* de manière non offensante pour exprimer sa solidarité et son intimité d'une manière qui n'est pas nécessairement politiquement consciente. L'énoncé, par le locuteur A, un homme homosexuel, adressé au locuteur B, un autre homme homosexuel, de l'énoncé

François est un pédé

(faisant référence à un savoir commun) ferait tacitement écho non pas tant à un énoncé ou à une pensée attribuée à autrui qu'à une représentation dotée d'un contenu conceptuel, une sorte de norme culturelle, morale ou sociale homophobe selon laquelle les homosexuels sont des individus qui méritent le mépris ou la dérision.

Dans un usage non offensif de l'énoncé *François est un pédé*, le locuteur A veut informer l'auditeur de sa réaction à la norme homophobe dont il se fait l'écho par l'emploi de l'expression *pédé*. L'attitude exprimée est celle de la critique, de la dissociation ou de la moquerie et de la dérision. Le locuteur A suggère que l'énoncé ou la pensée selon laquelle les homosexuels sont des individus méritant le mépris ou la dérision (entretenus par un autre individu, un groupe ou des personnes en général) est inapproprié, blâmable ou ridicule.

La proposition échoïque n'engage pas tous les membres du groupe cible à adopter la même attitude dissociative: la gamme des attitudes dissociatives peut aller du détachement à la moquerie, en passant par la critique féroce, etc. L'utilisation par le locuteur A de l'énoncé *François est un pédé* ne semble pas mentionner un énoncé ou une pensée, mais représenter un état de fait, celui exprimé par la contrepartie neutre *François est un homosexuel*.

Dans *François est un pédé*, le locuteur A est engagé dans la vérité de l'assertion (que François est homosexuel), mais pas dans l'offense communiquée (exprimée ou transmise) par *pédé*.

De plus, on pourrait faire valoir qu'une stratégie en termes échoïques ne semble être compatible qu'avec des stratégies sémantiques et n'est en principe pas ouverte à des stratégies pragmatiques, telles que celles qui rendent compte de l'élément offensant en termes d'implicatures.

4.2 Resignification et autodésignation dans les discours de la communauté LGBTQ+ francophone : le cas de « pédé »

Le lexique représente la partie la plus variable du langage, puisqu'il évolue et se modifie constamment ; les mots multiplient ou réduisent leurs sens, certains tombent en désuétude, en revanche d'autres sont créés. Dans ce processus si vital, le langage se révèle être véritablement le reflet des changements historiques, sociaux et culturels[240]. À cet égard, nous voulons examiner le processus de renversement de la connotation de l'insulte française *pédé* en fonction de son contexte d'emploi[241], afin de montrer que l'utilisation d'insultes par les membres du groupe discriminé indique clairement à l'auditeur que le contexte discursif ne permet aucune interprétation discriminatoire de ces insultes.

Or, l'insulte dépend pour beaucoup du contexte d'énonciation, par conséquent il faut considérer la manière dont les personnes homosexuelles se désignent elles-mêmes, à savoir le procès d'autodésignation[242].

Marie-Anne Paveau[243], dans le domaine de l'analyse du discours, parle d'un procès de « resignification », à savoir « d'inversion ou de renégociation sémantique et axiologique par recontextualisation d'énoncés

---

[240]   Cf. Rosier L., Ernotte P., *Le lexique clandestin. La dynamique sociale des insultes et appellatifs à Bruxelles,* Bruxelles, Duculot, 2000.

[241]   Il faut souligner qu'à partir des données recueillies, il n'est pas encore possible d'observer une différence dans les contextes d'utilisation de l'insulte dans les discours de la France et des autres pays francophones, c'est pourquoi dans notre travail nous ferons une analyse générale des contextes d'emploi de l'insulte dans la langue française.

[242]   Cf. Lindemann Nelson H., *Damaged Identities. Narrative repair,* Ithaca/London, Cornell University Press, 2001.

[243]   Cf. Paveau M.-A., « La resignification. Pratiques technodiscursives de répétition subversive sur le web relationnel », *Langage et Société,* 2019a, 167, pp. 1–21 ; Paveau, M.-A., « La blessure et la salamandre. Théorie de la resignification discursive », in *Stigmatiser: normes sociales et pratiques médiatiques,* actes du colloque du CARISM, 2019b, p. 1–22. [En ligne]. <https://hal.archives-ouvertes.fr/hal-02003667>.

insultants (verbaux, ou iconiques, ou composites[244] […] » . Cependant, certains linguistes envisagent une « inversion axiologique », comme Yannick Chevalier et Hugues Constantin de Chanay[245] qui traitent des emplois neutres ou « homophiles » de *pédé*, décrit en termes d'« orientation axiologique »: selon les contextes, *pédé* peut être un « terme désignatif à la puissance péjorante inversée ou simplement narcotisée » et les auteurs signalent des « renversements axiologiques opérants dans les termes insultants » en prenant en compte centralement la dimension énonciative[246]. En outre, ils expliquent que « […] certains termes sont prédisposés en raison d'un caractère intrinsèquement péjoratif (on l'a constaté par exemple pour « enculé » ou « lopette ») dont il est difficile de les *décaper* intégralement […][247] ».

Pour ce qui est de la *slur* « pédé », il est nécessaire de souligner tout d'abord qu'il ne faut pas exclure qu'il y ait des hommes homosexuels qui refusent catégoriquement cette attitude autodésignative en la critiquant, jugeant contradictoire et contre-productif le fait de revendiquer le droit au respect et à la dignité tout en s'auto-définissant par un lexème communément perçu comme péjoratif, voire insultant[248].

Dans notre analyse, nous avons adopté une approche sémasiologique, en partant de l'insulte pour arriver au concept. Ensuite, nous avons alterné les approches onomasiologique et sémasiologique: d'abord la recherche des différentes réalisations lexicales du concept, puis l'analyse de l'insulte telle qu'elle apparaît dans certains textes, afin d'observer concrètement son utilisation référentielle et de reconstruire ses significations, puisqu'il arrive qu'à un contexte particulier corresponde un sens particulier.

Nous avons commencé par analyser les différentes définitions de l'insulte *pédé* dans des écrits lexicographiques de la langue française afin

---

[244]   Paveau M.-A., « La resignification. Pratiques technodiscursives de répétition subversive sur le web relationnel », cit., pp. 1–2.

[245]   Chevalier Y., de Chanay H. C., « Savoir être insulteur, ou les marqueurs non verbaux de l'insulte: quelques exemples de 'pédé' », in Lagorgette D. (éd.), *Les Insultes en français: de la recherche fondamentale à ses applications (linguistique, littérature, histoire, droit)*, cit., p. 45–74.

[246]   Ibidem, p. 171.

[247]   Ibidem, p. 182.

[248]   Cf. https://www.gouvernement.fr/sites/default/files/contenu/piece-jointe/2017/06/enquete_ondrp_homophobie.pdf, ressource en ligne consultée le 23/12/2023.

de comparer les définitions. Les dictionnaires consultés ont été choisis afin de rechercher les éléments historiques, culturels et lexicaux propres au domaine de l'homosexualité masculine. Il s'agit des dictionnaires suivants :

- *Dictionnaire Historique de la langue française* (DHLF) d'Alain Rey de 2016;
- *Dictionnaire français de l'homosexualité masculine* (DFHM) de Claude Courouve de 1985, consulté dans la version électronique actualisée de 2013;
- *Dictionnaire Culturel en langue française* (DCLF), édité par Alain Rey pour Le Robert en 2006;
- *Trésor de la Langue Française informatisé* (TLFi).

En ce qui concerne le choix des dictionnaires, comme le dit Mireille Elchacar, « la présence de certaines nouvelles appellations à la nomenclature de dictionnaires professionnels n'a pas empêché plusieurs glossaires et lexiques profanes de voir le jour[249] ». De plus, Elchacar précise que

Les dictionnaires profanes sont-ils tenus à la même rigueur que les dictionnaires professionnels ? Nous pensons que oui puisqu'ils sont les seuls dépositaires de certaines appellations moins fréquentes, et qu'ils ont pour but de donner une légitimité aux groupes dominés. L'usager ne fait probablement pas de distinction selon l'équipe derrière le projet, professionnelle ou non[250].

Dans notre cas, le Dictionnaire français de l'homosexualité masculine (DFHM) est un essai très documenté sur les mots qui, au cours de l'histoire, ont désigné les hommes homosexuels. Issu des recherches que Claude Courouve avait menées pour sa thèse de philosophie, l'ouvrage est formé par 74 articles, une introduction, des annexes et des index qui font le point sur les mots de ce domaine[251].

Ensuite, notre objectif est de contextualiser et d'observer l'évolution sémantique de l'insulte analysée, en nous appuyant sur des exemples tirés

---

[249]   Elchacar M., « Comparaison du traitement lexicographique des appellations des identités de genre non traditionnelles dans les dictionnaires professionnels et profanes », *Éla. Études de linguistique appliquée*, vol. 194, no. 2, 2019, p. 177–191, p. 177.

[250]   Ibidem, p. 189.

[251]   Cf. https://www.altersexualite.com/spip.php?article433, ressource en ligne consultée le 23/12/2023.

du système de gestion et d'analyse de corpus Sketch Engine[252] à travers sa fonction 'Concordance'. Le corpus obtenu a constitué une source importante de contextes illustratifs capables de témoigner de l'utilisation courante de l'insulte *pédé* dans la vie réelle, notamment dans le langage contemporain.

Nous avons recherché tous les synonymes du mot considéré, car ceux-ci comportent inévitablement une nuance de sens, d'autant plus qu'ils véhiculent des connotations issues de toutes sortes de variations diachroniques, diatopiques, diastratiques ou diaphasiques[253]. La principale base de données, pour ce qui concerne la collecte des synonymes, a été le *Dictionnaire Electronique des Synonymes* (DES), élaboré par le « Centre de Recherche Inter-langues sur la signification en contexte » (CRISCO) de l'Université de Caen; il s'agit d'un dictionnaire de synonymes qui permet de visualiser la répartition des sens d'une unité lexicale, et donc sa polysémie.

À partir de l'insulte vedette « pédé », le DES a répertorié 12 synonymes au total (Fig. 2):

Ensuite, par le biais du site français *NoHomophobes.fr*, mis en ligne le 5 avril 2016[254] dans le but de surveiller la quantité de mots et d'expressions homophobes présents sur la version française du réseau social Twitter, nous avons trouvé certaines des insultes mentionnées incluses dans la sphère discursive de l'injure, définies par le portail comme des « catégories d'injures hétéronormatives », c'est-à-dire le type d'insultes qui se réfèrent à un modèle socioculturel dans lequel l'orientation hétérosexuelle est perçue comme normale, attendue et tenue pour acquise[255], au

---

[252] https://www.sketchengine.eu/.

[253] Cf. Polguère A., *Lexicologie et sémantique lexicale. Notions fondamentales*, Montréal, PU Montréal, 2017.

[254] Cf.   http://yagg.com/2016/05/18/nohomophobes-fr-le-site-qui-comptabilise-en-temps-reel-les-insultes-homophobes-sur-twitter/, ressource en ligne consultée le 20/07/2023.

[255] Cf. https://www.larousse.fr/dictionnaires/francais/h%C3%A9t%C3%A9ronorm%C3%A9/188603#:~:text=%EE%A0%AC%20h%C3%A9t%C3%A9ronorm%C3%A9%2C%20h%C3%A9t%C3%A9ronorm%C3%A9e&text=1.,codes%20h%C3%A9t%C3%A9rosexuels%20dominants%20%3A%20Comportements%20h%C3%A9t%C3%A9ronorm%C3%A9s., ressource en ligne consultée le 20/07/2023.

pédé *définition*   espace sémantique

12 synonymes
gay!, gonzesse!, lope!, lopette!, pédale!, pédéraste!, pédoque!, sodomite!, tante!, tantouse!, tapette!, uraniste!
Classement des premiers synonymes

lope!	
lopette!	
tapette!	
sodomite!	
pédéraste!	
tantouse!	
gay!	
gonzesse!	
uraniste!	
pédoque!	
tante!	
pédale!	

3 cliques

- gonzesse, lope, lopette, pédale, pédé, pédéraste, pédoque, sodomite, tante, tantouse, tapette
- pédale, pédé, pédoque, tapette, uraniste
- gay, pédale, pédé

Fig. 2 – L'unité lexicale *pédé* dans le Dictionnaire électronique des synonymes (DES) (Source : https://crisco4.unicaen.fr/des/synonymes/d%e9brouillard)

détriment d'autres orientations sexuelles considérées anormales et donc découragées[256].

Le site, « conçu comme un miroir social » qui « […] vise à mettre en évidence la fréquence de l'emploi de propos homophobes dans le langage courant[257] », contient un tableau dans lequel, à côté du type d'injure liées aux personnes homosexuelles, sont insérés les insultes correspondantes en français :

---

[256] Cf. Fidolini V., « L'hétéronormativité », in Fondation Copernic éd., *Manuel indocile de sciences sociales. Pour des savoirs résistants*, Paris, La Découverte, 2019, p. 798–804.

[257] Cf. https://nohomophobes.fr/#!/en-savoir-plus/, ressource en ligne consultée le 26/07/2023.

Catégorie d'injures hétéronormatives	Exemples
Injure stigmatisant les pratiques sexuelles des gays	Pédé, enculé, sodomite, pédéraste
Injure stigmatisant l'identité de genre des gays	Pédale, tapette, fiotte, folle, folasse, lopette, tafiole, tantouze, tarlouze
Injure stigmatisant les pratiques sexuelles des lesbiennes	Broute-minou
Injure stigmatisant l'identité de genre des lesbiennes	Goudou, gouinasse, gouine, camionneuse, butch

Fig. 3 - Exemples de catégories d'injures hétéronormative selon nohomophobes.fr (Source : https://nohomophobes.fr/#!/aujourdhui/)

Les insultes les plus communes trouvées quotidiennement sur le réseau social, rapporté dans le portail dans un tableau (Fig. 3), sont divisés en:

- Injures qui stigmatisent les pratiques sexuelles des hommes homo-sexuels ;
- Injures qui stigmatisent l'identité sexuelle des hommes homo-sexuels ;
- Injures qui stigmatisent les pratiques sexuelles des femmes homo-sexuelles ;
- Injures qui stigmatisent l'identité sexuelle des femmes homo-sexuelles.

Comme on peut le constater, les insultes ont un sens et une forme et, en tant que « mots », elles appartiennent au lexique général; cela implique qu'ils peuvent se charger de tout type de connotations et acquérir n'importe quelle nuance de sens, selon le contexte d'emploi[258]. Rosier et Philippe Ernotte soulignent que

> Nous appelons *insultes* les formes typiquement linguistiques de l'injure (laquelle possède également des formes gestiques, mimiques ou d'indifférence méprisante) mettant *nominalement* en cause l'individu dans son

---

[258]   Cf. Garric N., *Introduction à la pragmatique*, Paris, Hachette Supérieur, 2007.

appartenance décrétée (insulte essentialiste : *Pédale !*) ou dans son être supposé révélé par une situation déterminée (insulte situationnelle : *Feignasse !*)[259].

L'étude diachronique de l'insulte *pédé*, en particulier, permet de relever et d'observer ces glissements sémantiques, parfois si profonds que la signification primaire change radicalement[260]. Dans différentes communautés LGBTQ+ occidentales, la réappropriation de l'insulte homophobe a été un outil clé pour la déconstruction d'un regard discriminatoire. Des insultes telles que *queer* dans les pays anglophones et *shwul* dans les pays germanophones ont, au fil du temps, subi un véritable renversement sémantique, notamment par la communauté militante, perdant leur connotation négative, et en devenant des « appellatifs militants[261] ». À propos du réinvestissement du lexème *queer*, Judith Butler dit :

> Je pense toujours que certains mots sont si blessants qu'il est très difficile d'imaginer que les répéter puisse être bénéfique ; néanmoins, je dois reconnaître que répéter encore et toujours le mot *queer* dans le cadre d'une pratique d'affirmation de soi a permis de l'extraire de son contexte originel, exclusivement injurieux, et que c'est devenu une question de réappropriation du langage, une question de courage aussi, d'ouverture du mot, de possibilité de transformation du stigmate en quelque chose de plus valorisant[262].

Effectivement, un exemple représentatif de réappropriation politique d'une insulte est précisément celui du lexème *queer*: il présente un caractère hybride entre antidote et immunisation, puisqu'il a conduit à une tendance à neutraliser le potentiel dénigrant du lexème. L'insulte *queer* (dont le sens originel est « bizarre » ou « étrange »[263]) suit un processus de réappropriation qui a débuté à la fin des années 1980 et au début des

---

[259]   Rosier L., Ernotte P., *Le lexique clandestin. La dynamique sociale des insultes et appellatifs à Bruxelles*, cit., p. 3.

[260]   Cf. Lorenzi-Bailly N., Moïse C. (dir.), *La haine en discours*, cit.

[261]   Paveau M.-A., « La blessure et la salamandre. Théorie de la resignification discursive », in *Stigmatiser: normes sociales et pratiques médiatiques*, actes du colloque du CARISM, 2019, p. 1–22, p. 5. [En ligne]. <https://hal.archives-ouvertes.fr/hal-02003667>.

[262]   Butler J., *Le Pouvoir des mots. Politique du performatif*, traduit de l'anglais par Charlotte Nordmann avec la collaboration de Jérôme Vidal, Paris, Éditions Amsterdam, 2004, p. 136.

[263]   https://www.larousse.fr/dictionnaires/francais/queer/188627, ressource en ligne consultée le 08/01/2024.

années 1990, en pleine épidémie de sida, à l'un des moments les plus difficiles pour la communauté homosexuelle[264]. Cependant, le lexème a également commencé à perdre son potentiel dénigrant grâce à son adoption par la communauté académique qui, avec des expressions telles que *Queer Studies*[265] ou *Études Queer*[266], a identifié un nouveau champ disciplinaire[267].

De plus, des processus de réappropriation similaires concernent les insultes anglaises[268] *bitch* et *slut* et celles françaises[269] *salope* et *gouine*, des lexèmes fortement dépréciatifs adressés aux femmes, utilisés pour stigmatiser le comportement et les attitudes des individus qui ne se conforment pas aux normes sexistes et patriarcales[270] : dans des contextes particuliers, ces insultes sont utilisées par les femmes de manière vindicative, précisément pour s'opposer aux stéréotypes de genre et exprimer l'affirmation de soi et de son pouvoir.

Or, comme on l'a vu, l'attribution d'un nouveau signifié à un élément lexical injurieux existant du lexique francophone de l'homosexualité masculine concerne l'insulte *pédé*, produit d'une revendication identitaire mise en œuvre par le mouvement homosexuel français militant[271].

---

[264] Cf. Prearo M., *Le Moment politique de l'homosexualité. Mouvements, identités et communautés en France*, Lyon, Presses universitaires de Lyon, 2014.

[265] Cf. Cervulle M., Quemener N., « Queer », in Rennes J. (éd.), *Encyclopédie critique du genre*, Paris, La Découverte, 2016, pp. 529–538.

[266] https://ereqq.recherche.usherbrooke.ca/: « L'objet d'étude de l'Équipe de recherche en études queer au Québec (ÉRÉQQ), composé de six membres réguliers des Universités de Sherbrooke et de Montréal et de trois collaborateurs, concerne les diverses représentations littéraires, médiatiques et cinématographiques des corps queer au Canada et au Québec produites en français et en anglais depuis les vingt dernières années. » (ressource en ligne consultée le 08/01/2024).

[267] Cf. Brontsema R., "A Queer Revolution: Reconceptualizing the Debate over Linguistic Reclamation", *Colorado Research in Linguistics*, 17, 2004, pp. 1–17.

[268] Cf. Galinsky A. D., *et al.*, "The Reappropriation of Stigmatizing Labels: The Reciprocal Relationship Between Power and Self-Labeling", *Psychological Science*, vol. 24, no. 10, 2013, pp. 2020–29.

[269] Cf. https://www.telerama.fr/debats-reportages/pede-salope-gouine-les-milieux-militants-se-reapproprient-les-insultes-sexistes-7018650.php, ressource en ligne consultée le 08/01/2024.

[270] Cf. Manne K., *Down Girl: The Logic of Misogyny*, New York, Oxford University Press, 2018.

[271] Cf. Goetzmann S., « L'homosexualité : du secret à la fierté », *Sociétés*, vol. n°73, no. 3, 2001, pp. 71–78.

Le lexème est attesté en 1836 dans les dictionnaires et dérive de « pédéraste », décrit par le TLFi comme:

> Homme qui éprouve une attirance amoureuse et sexuelle pour les jeunes garçons, enfants ou adolescents *; p. ext*,. Homosexuel. (TLFi)

Le dictionnaire explique que le lexème était d'abord lié à la sphère discursive de la pédophilie, utilisée dans un registre linguistique familier, puis s'est étendu sémantiquement comme injure liée aussi à l'homosexualité masculine. En fait, le DHLF précise que:

> Le mot, rare avant le XIXe s., se diffuse en prenant la valeur erronée d'« homosexuel », quel que soit l'âge du partenaire. C'est avec cette acception fautive qu'il est abrégé en PÉDÉ n. m. (1836 ; répandu au XXe s.) souvent utilisé comme terme injurieux [...].

La diffusion de l'insulte avec la valeur erronée d'« homosexuel » à connotation négative subit, après les années 1950 et 1960, un chemin sémantique d'inversion de la connotation péjorative, voulu et réalisé par le mouvement homosexuel français qui voulait lui faire perdre sa force en tant qu'insulte, en investissant positivement:

> Quelque temps revendiqué par les militants homosexuels qui se sont attachés à lui faire perdre son caractère infamant, *pédé* a tendu, au début des années 1980, à disparaître au profit de *gai* [...]. (DFHM)

Dans cet emploi, *pédéraste* a été, depuis les années 1950–1960 remplacé dans l'usage courant par l'abrev. *pédé*, puis par *homo* et *gay* non péjoratifs. (DCLF)

À ce moment-là, les insultes deviennent des signes de fierté identitaire et collective[272]. Comme le soutient Butler,

> Le nom que l'on reçoit est à la fois ce qui nous subordonne et ce qui nous donne un pouvoir, son ambivalence produit la scène où peut se déployer la puissance d'agir ; il produit des effets qui excèdent les intentions qui le motivent. Reprendre le nom que l'on vous donne, ce n'est pas se soumettre à une autorité préexistante, car le nom est ainsi déjà arraché au contexte qu'il avait auparavant, et prend place dans un travail de redéfinition de soi. Le

---

[272] En ce qui concerne le lien entre les insultes et la mémoire collective on renvoie à : Fracchiolla B., Rosier L., *Insulte* [En ligne], 2019 ⟨hal-02049440⟩.

mot injurieux devient un instrument de résistance au sein d'un redéploie-
ment qui détruit le territoire dans lequel il opérait auparavant[273].

Ce phénomène de bouleversement sémantique a conduit à la transformation de la composante connotative de la signification originelle de *pédé*,
vidant le lexème du lien avec l'homosexualité masculine, et le rendant
une insulte sans contenu injurieux:

> Avec l'évolution des mœurs, le mot, synonyme d'*homo*, est devenu moins
> péjoratif, sauf à correspondre à une injure sans contenu (*sale pédé !, bande de
> pédés !*, même entre filles). (DHLF)

Comme le montre le DHLF, le lexème *pédé* est aussi utilisé pour désigner
les filles, mais sans connotation injurieuse liée à l'orientation sexuelle
et affective, donnant lieu à des syntagmes tels que « fille à pédé »,
décrit comme:

> Dans le milieu homo, on désigne parfois ainsi une femme appréciant la
> compagnie des homos. (DFHM)

De plus, Marie-Émile Lorenzi souligne que « se réapproprier l'insulte,
la honte, le stigmate, tend à rendre inefficace leur portée infamante. Ce
processus autodéfinitionnel concourt également à interroger l'affirmation identitaire[274] ».

En ce qui concerne l'usage actuel de l'insulte *pédé* en français, certains dictionnaires soulignent qu'il tend à régresser en faveur d'autres
lexèmes non péjoratifs:

> Ce terme désobligeant tend à reculer devant homo et gay dans l'usage cou-
> rant. (DCLF)
>
> [...] *pédé* a tendu, au début des années 1980, à disparaître au profit de *gai* ;
> mais on le rencontrait dans des annonces de rencontre [...]. (DFHM)

Moins répandu dans l'usage courant, le Dictionnaire français de l'Homosexualité Masculine, en se basant sur un corpus représentatif, estime
cependant la présence courante du lexème également dans certains por-
tails contenant des annonces de rencontres entre hommes homosexuels.

---

[273]   Butler J., *Le Pouvoir des mots. Politique du performatif*, cit. p. 252.
[274]   Lorenzi M.-É., « 'Queer', 'transpédégouine', 'torduEs', entre adaptation et réap-
         propriation, les dynamiques de traduction au cœur des créations langagières de
         l'activisme féministe queer », *GLAD! Revue sur le langage, le genre, les sexualités*,
         02, 2017, p. 1–17, p. 4.

Toutefois, afin d'étudier les contextes discursifs courants dans lesquels l'insulte *pédé* est utilisée dans la langue française, nous avons utilisé la fonction 'Concordance' du logiciel Sketch Engine (Fig. 3), un outil de gestion et d'analyse de corpus linguistiques, pour rechercher le contexte d'emploi du lexème dans le corpus French Web 2020 (frTenTen20), un vaste ensemble de textes couvrant une grande variété possible de genres, de sujets, de types de textes et de sources web relatifs aux années 2019, 2020 et 2021 :

> The French Web Corpus (frTenTen) is a French corpus made up of texts collected from the Internet. The corpus belongs to the TenTen corpus family which is a set of web corpora built using the same method with a target size 10+ billion words. Sketch Engine currently provides access to TenTen corpora in more than 40 languages. The French Web corpus contains many varieties of the French language – European, Canadian and African French.

The most recent version of the frTenTen corpus consists of 20.9 billion words. The texts were downloaded between 2019 and 2021. The sample texts of the biggest web domains which account for 50 % of all corpus texts were checked semi-manually and content with poor quality text and spam was removed.[275]

Fig. 4 - Contextes d'emploi de pédé dans la fonction 'Concordance' de Sketch Engine (Source : https://auth.sketchengine.eu/)

---

[275] https://www.sketchengine.eu/frtenten-french-corpus/, ressource en ligne consultée le 18/11/2023.

Parmi les contextes discursifs principaux et les plus fréquents du corpus (Fig. 4) dans lesquels on peut trouver l'emploi du lexème *pédé*, on peut identifier:

Tab. 1 - Contextes discursifs dans lesquels le lexème pédé est employé dans le corpus French Web 2020 de Sketch Engine

	CONTEXTES DISCURSIFS
Mal-être identitaire	- Des lectures collectives, des discussions et des moments de vie passés ensemble nous ont pourtant fait apercevoir qu'il y avait un fil commun qui reliait ces textes, qu'ils allaient dans la même direction et surtout qu'ils exprimaient un même malaise dans notre vie… le malaise de se vivre en tant que trans, pédé ou femme dans un milieu squat-libertaire-activiste trop souvent « masculin » et hétéronormé.
Mode	- Se faire pédé maintenant est une véritable mode: peut-être la plus tenace de nos années. […] Les jeunes se font pédés par goût de la minorité d'abord et par mimétisme bêta ensuite, comme des phasmes qui se montent pour faire comme les autres. - Autrement dit: que les hétéros branchés sont aussi ringards que les pédés qui se prétendent tels.
Amitié	- Suivant les conseils de mes love coachers j'arrête définitivement de parler de mes copains pédés dans mes billets pour quitter mon image d'icône FAP et ne plus faire peur aux hétéros. - Avoir un ami pédé, ou même plusieurs, c'est à la portée de n'importe qui. - Je n'avais pas cru que les choses auraient été si vite, et je compris la pertinence des propos de mon ami pédé sur la facilité, quand on le veut vraiment, de faire l'amour avec ceux qu'on aime. - je trouve aussi assez scandaleux ce cliché de la « fille a pédé » comme si une fille qui a des amis pédés est forcément moche et mal dans sa peau. vraiment lamentable ce délire misogyne, je ne vous félicite pas.
Vie sentimentale/ amoureuse	- Magnifique victoire du principe d'égalité, mais victoire en trompe-l'œil au regard de la misère affective qui constitue encore l'alpha et l'oméga de la vie amoureuse des pédés et des goudous.

Tab. 1 Suite

CONTEXTES DISCURSIFS	
Homophobie	- Dr Dave: C'est marrant ce que tu dis, mais à chaque fois qu'un pédé signale que certaines façons de parler d'une défaite politique ou autre sont homophobes, y'en a toujours un pour dire qu'on raconte n'importe quoi. - Ici, je dirais plus que c'est la haine des homosexuels… "Le nombre de fois ou j'ai entendu, je suis pas homophobe, j'ai des amis pédés"…laissez moi rire, par contre je veux pas qu'ils se marient.
Blasphème	- Après sa chronique « humoristique » intitulée « Jésus est pédé », sur France Inter, Frédéric Fromet a reçu une avalanche de reproches sur les réseaux sociaux, mais aussi plusieurs plaintes via la médiatrice des antennes de Radio France.
Auto-conscience	- Je savais avec certitude que j'étais pédé (et j'en pinçais en secret pour les beaux yeux verts d'un garçon de la classe, Cyril).
Hétéropatriarcat	- Nous, transmasculins, transféminines et/ou pédés et/ou gouines et/ou bi.es, et/ou intersexes, etc. sommes-nous, de fait, des anomalies dans l'#hétéropatriarcat?
Traitement personnel	- Michel Polnareff était un homme libre qui affichait ses fesses sur les murs de Paris. </s><s> Les gens le traitaient de pédé, mais il proclamait qu'il était un homme.

Les exemples relevés montrent comment le lexème est actuellement utilisé par les personnes homosexuelles pour s'autodésigner en désamorçant la charge homophobe de la *slur* et en montrant que l'insulte ne touche pas les personnes visées.

Les contextes discursifs dans lesquels la présence du lexème « pédé » récupéré positivement a été la plus fréquente sont ceux de l'amitié (53), de l'auto-conscience (36) et de la lutte contre l'hétéropatriarcat (34). Dans ce dernier cas, la connotation fortement identitaire assumée par l'expression en tant que forme de fierté est évidente. Effectivement, le corpus nous montre que pour le locuteur il s'agit de reprendre le pouvoir sur le langage et son identité personnelle, de se reconstruire à partir de l'endroit même de la blessure. En outre, cette transformation d'un mot insultant en une affirmation identitaire ne fonctionne qu'entre personnes concernées, dans un entre-soi. C'est un « retournement du stigmate[276] »: pour

---

[276] Cf. Candea M., Véron L., *Le français est à nous! Petit manuel d'émancipation linguistique*, Paris, La Découverte, 2021. Il s'agit d'un concept qui est utilisé pour désigner la manière dont réagissent des groupes stigmatisés par la société. Ces

désamorcer la charge infamante du mot, on se le réapproprie et on le revendique[277].

Or, il est clair que la resignification chez les personnes LGBTQ+ n'est pas sans contexte énonciatif. Elles ont la particularité d'accomplir une double resignification : d'une part elles resignifient *pédé* en le resémantisant, voire en le relexicalisant, selon des procédés comme l'autodénomination; d'autre part, elles procèdent à une condamnation du discours stigmatisant ou, autrement dit, à un renversement de l'ordre du discours et de la domination discursive. Le processus de remise en jeu des discours insultants est donc double et l'on est confronté à une protestation complexe sur le plan à la fois discursif et sémantico-pragmatique.

4.3 Insultes et didactique du FLE : une proposition expérimentale

Dans le domaine des sciences du langage, les pratiques insultantes remettent en cause également le rôle des enseignants des langues étrangères en ce qui concerne la réflexion métalinguistique sur l'impolitesse dans les échanges verbaux. En effet, c'est dans le domaine de la pédagogie et de la didactique des langues que Paolo Nitti[278] souligne l'inadéquation de l'attitude traditionnelle, exclusivement fondée sur l'interdiction:

---

groupes peuvent faire de la caractéristique qui les soumet à cette discrimination un élément de leur identité et un objet de fierté, en le revendiquant, retournant ainsi sa portée stigmatisante.

[277]   « À travers nos voix, en nous nommant 'pédés', nous transformons sa charge pour en faire un outil politique, historique et militant, qui façonne notre rapport au monde, à notre corps, à l'espace public, au sexe, au couple, à la famille, au travail, à la santé physique et mentale, à la religion… Nous nous réapproprions ce stigmate et l'arborons fièrement afin d'en diminuer la violence et rendre sa portée inefficace. Il nous constitue pleinement et nous le renvoyons au visage d'un système qui nous ostracise et nous efface. Il nomme notre appartenance à une autre histoire, raconte des vies à la marge, cette manière différente de se mouvoir dans l'espace, de vivre avec soi-même, le groupe, les autres hommes. Il résume à lui seul le fait d'être 'autre'. Ce mot est écrit depuis la France hexagonale, depuis l'Occident, en miroir d'une histoire située. Il renvoie donc à un imaginaire spécifique que nous ne pouvons ignorer lorsque nous l'employons. » Manelli F. (sous la coordination de), *Pédés*, Paris, Points, 2023, pp. 8–9.

[278]   Nitti P., *L'insulto. La lingua dello scherzo, la lingua dell'odio*, Firenze, Franco Cesati Editore, 2021.

l'interdizione spesso risulta seducente e spinge alla trasgressione per il puro piacere di sperimentare la violazione delle regole [...]. Dividere le espressioni linguistiche in un settore per gli adulti e un altro per i bambini rischia di proporre una visione della lingua distorta, sbagliata e certamente priva di scientificità, poiché i bambini impiegano frequentemente sia il turpiloquio che gli insulti, essendo possibilità del codice espressivo[279].

La tâche que Nitti assigne à la didactique des langues est double: d'une part, contribuer à l'acquisition d'une conscience métalinguistique et communicative de la part du locuteur, à travers la formation du personnel enseignant; d'autre part, promouvoir des programmes didactiques visant à l'analyse des phénomènes linguistiques, dans le sens d'une plus grande prise de conscience du potentiel expressif du langage et de la transformation de la simple interdiction linguistique en la promotion d'un usage plus conscient du langage:

> [...] si tratta [...] di fornire al personale docente in formazione gli strumenti necessari a maneggiare i dati linguistici e strutturare dei laboratori attivi di lingua all'interno dei quali valutare le scelte dei parlanti sulla base degli argomenti, degli scopi, dei contesti comunicativi e delle intenzioni. In questa prospettiva, la Scuola rivestirebbe un ruolo da protagonista rispetto alla formazione linguistica degli individui, poiché li metterebbe a parte delle possibilità espressive del codice e delle conseguenze alle quali si va incontro, se si ricorre alle espressioni insultanti e al turpiloquio[280].

Il s'agit donc de concevoir scientifiquement la langue utilisée par les apprenants, d'envisager la progression en termes d'acquisition et le rôle actif des processus de formation, en ce qui concerne le développement

---

[279]   « L'interdiction est souvent séduisante et incite à la transgression pour le simple plaisir d'expérimenter la transgression des règles [...]. Diviser les expressions linguistiques en un domaine pour les adultes et un autre pour les enfants risque de proposer une vision déformée, erronée et certainement non scientifique du langage, car les enfants utilisent fréquemment le langage obscène et l'insulte comme possibilités du code expressif. » (Ivi, p. 79).

[280]   « [...] il s'agit [...] de fournir aux enseignants en formation les outils nécessaires au traitement des données linguistiques et de structurer des laboratoires de langue actifs au sein desquels évaluer les choix des locuteurs en fonction des thèmes, des finalités, des contextes de communication et des intentions. Dans cette perspective, l'école jouerait un rôle de premier plan dans la formation linguistique des individus, en les sensibilisant aux possibilités expressives du code et aux conséquences auxquelles ils s'exposent s'ils ont recours à des expressions insultantes et au langage obscène. » (Ibidem, p. 80).

de la compétence métalinguistique, en devenant capable de réfléchir à la structure et aux choix linguistiques de manière pertinente[281].

Dans le cas des cours de Français Langue Etrangère (FLE), dans une situation de communication réelle à l'école, une maladresse liée à une méconnaissance des normes sociopragmatiques de la langue cible pourrait conduire l'apprenant à une « montée en tension verbale[282] ». Il est donc primordial pour un non-natif d'être conscient des normes sociolinguistiques et pragmatiques liées à la culture de la langue cible pour éviter de se retrouver dans une situation conflictuelle. À ce propos, le Cadre Européen Commun de Référence pour les Langues[283] (CECRL) préconise le dialogue interculturel en classe afin de prévenir les clivages linguistiques et culturels et met en avant le développement des compétences sociolinguistiques et pragmatiques notamment par le biais du sujet de la politesse[284]. Ainsi, si les faits linguistiques et sociopragmatiques liés à la politesse doivent être présentés et enseignés, il nous semble également essentiel de présenter les subtilités liées à l'impolitesse puisque tout acte ne répondant pas aux règles de la politesse en vigueur dans un contexte pourrait être considéré comme impoli et potentiellement mener à un conflit[285].

Ici, nous nous interrogerons sur la sensibilisation à la violence verbale en classe de FLE. Nous identifierons les mentions de la violence verbale présentées dans le CECRL[286] et dans son volume complémentaire[287].

---

[281]   L'une des études sur les aspects de l'impolitesse linguistique qui justifient son traitement et montrent sa pertinence dans l'enseignement/apprentissage des langues est la suivante: Pugliese R., Zanoni G., "Impoliteness and Second Language Teaching: Insights from a Pragmatic Approach to Italian L2", cit.

[282]   Fracchiolla B., Romain C., « Principe de coopération interactionnelle et agressivité », cit., p. 2.

[283]   Cf. Conseil de l'Europe, *Cadre européen commun de référence pour les langues: apprendre, enseigner, évaluer*, Paris, Éditions Didier, 2001.

[284]   Conseil de l'Europe, *Livre blanc sur le dialogue interculturel « Vivre ensemble dans l'égale dignité »*, Strasbourg, Conseil de l'Europe, 2008, p. 17.

[285]   Cf. De Oliveira R., « Traces linguistiques d'impolitesse dans l'échange d'informations : les énoncés négatifs », *Multilinguales*, 3, 2014, pp. 185–200.

[286]   Cf. Conseil de l'Europe, *Cadre européen commun de référence pour les langues: apprendre, enseigner, évaluer*, cit.

[287]   Conseil de l'Europe, *Un cadre européen commun de référence pour les langues apprendre, enseigner, évaluer: volume complémentaire du CECR avec de nouveaux descripteurs*, Strasbourg, Conseil de l'Europe, 2018.

Nous proposerons une piste pédagogique pour sensibiliser les apprenants à la violence verbale, notamment par à travers l'analyse du langage filmique. La violence verbale peut s'exprimer de façons différentes, en fonction du contexte et de la situation de communication. Un locuteur peut avoir recours à des formes explicites telles que les insultes, pour exprimer le mépris, la colère, la moquerie, la critique, ou à des formes plus implicites telles que les questions rhétoriques qui permettront au locuteur de déguiser ses reproches sous la forme de pseudo-questions telles que les questions rhétoriques conflictuelles, qui ne sont pas de réelles demandes d'information.

Le choix d'employer les films en classe de FLE permet de confronter les apprenants à divers accents et à la prosodie, à la variation diaphasique, aux éléments para et non verbaux de la communication. De plus, les films facilitent également la compréhension[288].

4.3.1 Impolitesse linguistique et violence verbale dans le CERCL

Le CECRL présente la politesse comme faisant partie intégrante de la compétence sociolinguistique :

> La compétence sociolinguistique renvoie aux paramètres socioculturels de l'utilisation de la langue. Sensible aux normes sociales (règles d'adresse et de politesse, régulation des rapports entre générations, sexes, statuts, groupes sociaux, codification par le langage de nombre de rituels fondamentaux dans le fonctionnement d'une communauté), la composante sociolinguistique affecte fortement toute communication langagière entre représentants de cultures différentes, même si c'est souvent à l'insu des participants eux-mêmes[289].

On y trouve toute une partie consacrée aux règles de politesse avec une sous-partie dédiée à l'impolitesse :

---

[288] Cf. Medioni M.-A., « Le cinéma, de la motivation à la mobilisation intellectuelle », *Recherche et pratiques pédagogiques en langues*, Vol. XXXI N° 2, 2012, pp. 140–150.

[289] Conseil de l'Europe, *Cadre européen commun de référence pour les langues : apprendre, enseigner, évaluer*, cit., p. 18.

5.2.2.2 Règles de politesse

Les règles de politesse fournissent une des raisons les plus importantes pour s'éloigner du « principe de coopération » (voir 5.2.3.1). Elles varient d'une culture à l'autre et sont la source fréquente de malentendus interethniques, en particulier quand l'expression de la politesse est prise au pied de la lettre.

1. Politesse positive

Par exemple:

- montrer de l'intérêt pour la santé de l'autre, etc.
- partager expérience et soucis, etc.
- exprimer admiration, affection, gratitude, etc.
- offrir des cadeaux, promettre des faveurs, une invitation, etc.

2. « Politesse par défaut »

Par exemple:

- éviter les comportements de pouvoir qui font perdre la face (dogmatisme, ordres directs, etc.)
- exprimer un regret, s'excuser pour un comportement de pouvoir (correction, contradiction, interdiction, etc.)
- éluder, chercher des échappatoires, etc.

3. Utilisation convenable de merci, s'il vous plaît, etc.

4. Impolitesse (ignorance délibérée des règles de politesse)

Par exemple:

- brusquerie, franchise excessive
- expression du mépris, du dégoût
- réclamation et réprimande
- colère déclarée, impatience
- affirmation de supériorité[290].

On peut remarquer que l'impolitesse est considérée comme la négation délibérée des règles de politesse. Une brève mention est faite aux enseignants[291] où l'on signale qu'il relève de leur discrétion d'expliciter voire

---

[290]   Ivi, p. 94.
[291]   Ibidem, p. 96.

d'envisager de parler de l'impolitesse. On remarque également l'ajout dans le volume complémentaire[292] de précisions sur la compétence individuelle (« exploiter un répertoire pluriculturel ») où on fait référence à l'impolitesse: « (au niveau B2) Peut adapter sa conduite et son expression verbale à des environnements culturels nouveaux et éviter les comportements qu'il sait être peut-être impolis. ». Toutefois, à la lecture de ces recommandations, les auteurs du CECRL semblent faire l'impasse sur la production de faits de langue relevant de la violence verbale en ne proposant pas de pistes concrètes à exploiter en classe et en laissant ce choix à l'enseignant. Dans les exemples proposés, on ne retrouve pas réellement d'éléments laissant à penser que les auteurs du CECRL font référence à la violence verbale. En effet, lorsqu'ils mentionnent la « colère déclarée » par exemple, celle-ci peut être exprimée de diverses façons et n'est pas toujours en lien avec une montée en tension.

Or, dans le domaine de la didactique du FLE, les faits culturels sont presque invariablement liés aux relations linguistiques de politesse qu'entretiennent et que, de ce fait, prescrivent les locuteurs de cette langue. On peut ainsi poser que la notion de politesse linguistique occupe une place centrale dans les manuels de FLE[293]. D'un autre côté, sa popularité n'a d'égale que l'impopularité de l'impolitesse linguistique, qui est pourtant, elle aussi, bien présente dans la langue, se manifestant quotidiennement par de bien divers et riches moyens linguistiques. Autrement dit, on n'enseigne pas l'impolitesse mais il n'en reste pas moins qu'il s'agit-là d'un phénomène linguistique remarquable qui mérite, comme le souligne Kerbrat-Orecchioni[294], d'être considéré comme un objet d'investigation à part entière.

Le CECRL mentionne très brièvement l'impolitesse mais ne mentionne pas les actes de langage qui pourraient être liés à la violence verbale, par exemple les actes de condamnation[295] que sont *ridiculiser, reprocher, réprimander, insulter* ou même *défier*.

---

[292] Conseil de l'Europe, *Un cadre européen commun de référence pour les langues apprendre, enseigner, évaluer: volume complémentaire du CECR avec de nouveaux descripteurs*, cit., p. 252.

[293] Cf. De Oliveira R., « Traces linguistiques d'impolitesse dans l'échange d'informations : les énoncés négatifs », cit.

[294] Cf. Kerbrat-Orecchioni C., « L'impolitesse en interaction », cit.

[295] Laforest M., Moïse C., « Entre reproche et insulte, comment définir les actes de condamnation? », in Fracchiolla B., Moïse C., Romain C., Auger N., *Violences*

Cependant, de nombreux travaux sur la violence verbale[296] ont permis d'en cerner les contours et les réalisations linguistiques. Ces actes de parole sont repérables dans le discours grâce à des indices tels que l'insulte, la menace et le harcèlement[297]. Il serait donc utile pour des apprenants de FLE à un niveau avancé de travailler au développement d'une conscience métalinguistique sur l'impolitesse linguistique à partir d'extraits de films mettant en scène un conflit afin de leur permettre de se familiariser avec ce type d'interactions, de comprendre ce qui déclenche l'impolitesse et le conflit et les stratégies langagières qui permettent de l'éviter. Comme le remarquent Nathalie Auger et Moïse[298], les apprenants, en s'identifiant aux personnages des films, développent une empathie qui entraine une meilleure compréhension des situations et une décentration par rapport au conflit. De ce fait, nous avons sélectionné un extrait de film mettant en scène des dynamiques d'impolitesse linguistique.

4.3.2 *Proposition didactique : « Entre les murs » de Laurent Cantet (2008)*

Le langage insultant sur lequel nous voulons proposer de réfléchir en classe de FLE est celui du roman *Entre les murs* de François Bégaudeau, paru aux éditions Verticales en 2006, dont le film éponyme de Laurent Cantet a été adapté en 2008. Dans notre étude, nous examinons notamment le texte de l'adaptation cinématographique[299], qui a reçu la Palme

---

verbales. Analyses, enjeux et perspectives, Rennes, Presses Universitaires de Rennes, 2013, pp. 85–105, p. 4.

[296] Cf. Auger N., Moïse C., « Violence verbale: malentendu ou mésentente », in Bacha J., Laroux G., Séoud A., *Le malentendu*, Sousse, Presses Internationales de la Faculté des Lettres de Sousse, 2005, pp. 293–302; Auger N. *et al.*, « De la violence verbale pour une sociolinguistique des discours et des interactions », *Congrès Mondial de Linguistique Française*, EDP Sciences, 2008 ; Fracchiolla B., Moïse C., Romain C., Auger N., *Violences verbales. Analyses, enjeux et perspectives*, cit. ; Fracchiolla B., Romain C., « Principe de coopération interactionnelle et agressivité », cit.

[297] Cf. Auger N. *et al.*, « De la violence verbale pour une sociolinguistique des discours et des interactions », cit.

[298] Cf. Auger N., Moïse C., « Violence verbale: malentendu ou mésentente », in Bacha J., Laroux G., Séoud A., *Le malentendu*, Sousse, Presses Internationales de la Faculté des Lettres de Sousse, 2005, pp. 293–302.

[299] Cf. Bégaudeau F., Cantet L., Campillo R., *Le scénario du film* Entre les murs, Paris, Gallimard, 2008.

d'or au Festival de Cannes et a été nominée pour l'Oscar du meilleur film en langue étrangère en 2009 :

Fig. 5 – Affiche du film *Entre les murs* de Laurent Cantet (2008)

L'objectif de notre proposition didactique est d'être capables de reconnaître l'impolitesse linguistique dans la langue du film, d'offrir un aperçu des aspects spécifiques de la communication conflictuelle qui jouent un rôle fondamental dans la communication, et d'attirer l'attention des étudiants sur l'impact que la non-reconnaissance ou l'incompréhension de ces aspects peut avoir sur l'interaction avec d'autres locuteurs[300].

Or, le film met en scène la rencontre/dispute entre deux communautés de locuteurs, à savoir la communauté des enseignants et celle des élèves d'un collège réputé difficile du 20ᵉ arrondissement de Paris. D'un point de vue linguistique, l'altérité et l'identité sont représentées par la langue des enseignants et celle des élèves et où l'impolitesse linguistique n'est l'apanage d'aucun des deux groupes.

Les élèves s'expriment à travers une variation diastratique de la langue française, qui est à la fois générationnelle et de classe sociale, puisque le public du collège est extrêmement varié tant dans sa dimension de classe

---

[300]   À cet égard, voir également : Zanoni G., "La scortesia linguistica in italiano L2. Dalla piattaforma LIRA all'esperienza in aula", *inTRAlinea*, Special Issue: Translation And Interpreting for Language Learners (TAIL), 2018. URL: https://www. intralinea.org/specials/article/2303.

que dans celle de l'origine des élèves. À propos de la langue des jeunes, Pierre Merle écrit :

> Qu'est-ce parler jeune ? Un français cool, bigarré, hardi, parfois approximatif, quelquefois culotté, toujours imagé, dans lequel entre une forte proportion de verlan, code décidément toujours indétrônable. C'est une langue, avec son accent, sa scansion, sa syntaxe. Elle se parle avec les mains, les yeux ; des moues et des mimiques la soulignent. Elle est une manière d'être dans son corps, de le mettre en avant : c'est lui qui parle. Les mots sont souvent là comme accessoires, en option. Ils avertissent, menacent, invectivent, taillent, terrassent, précèdent ou accompagnent les coups. Cette langue n'a rien à voir avec la langue officielle et son accent pointu. [...] Leur langue est à la fois un espace de liberté, et une prison, un lieu où ils jouent à l'abri du regard inquisiteur des professeurs, des parents, mais aussi un lieu où ceux-ci les renferment[301].

Il s'agit d'une langue transgressive par essence, née pour défier les normes et créer un sentiment d'appartenance, de communauté, et qui se manifeste par la prise de conscience de la violation des normes et des règles grammaticales[302]. Cette langue est représentée de manière nettement objective, à travers l'observation plus ou moins participante de l'enseignant, et se révèle au fil des pages comme un lieu de conflit et de tension, mais aussi d'empathie et de communication, presque comme pour dire que les normes partagées de politesse et d'impolitesse linguistiques sont les piliers sur lesquels s'appuie un imaginaire linguistique partagé, et donc le sentiment d'appartenance à une même communauté.

Dans la langue du roman et du film, la communication entre l'enseignant et les élèves est un lieu de tension et de conflit; les interlocuteurs, en effet, utilisent plus ou moins consciemment des stratégies verbales qui vont de la perturbation à l'agression; en particulier, les élèves ont recours à des interruptions, des questions, des attitudes verbales et non verbales, des actes visant substantiellement à diminuer, voire à éliminer, la distance sociale qui, dans une école, sépare théoriquement les enseignants des élèves; les enseignants, pour leur part (et en particulier M. Marin), luttent pour maintenir le sentiment d'appartenance à la même communauté. Les enseignants, pour leur part (et notamment

---

[301] Merle P., *Argot, Verlan et tchache*, Toulouse, Éditions Milan, 1997, p. 16.

[302] Cf. Bedijs K., « 13. Langue et générations: le langage des jeunes », *Manuel de linguistique française*, edited by Polzin-Haumann C., Schweickard W., Berlin/München/Boston, De Gruyter, 2015, pp. 293–313.

M. Marin), s'efforcent de maintenir cette distance sans perdre le contact avec les élèves, jouant ainsi sur un double registre continu et dangereux, qui inclut les dimensions de l'ironie et même de l'agression[303].

Si les agressions verbales, les interruptions, même sous forme de questions, et les réponses inappropriées sont souvent des stratégies volontaires pour remettre en question l'autorité du rôle de l'enseignant, ou, dans le sens inverse, des stratégies, de la part de l'enseignant, pour réaffirmer sa propre identité, même hiérarchique, d'autres fois la tension provoquée par celles-ci s'avère en quelque sorte, sinon involontaire, du moins mal calibrée, presque comme si les deux communautés ne partageaient pas le même code de politesse linguistique, la même culture communicative, presque comme si les locuteurs appartenaient à deux cultures communicatives différentes, puisque, comme le suppose Kerbrat-Orecchioni[304], si dans toutes les cultures communicatives il y a des stratégies linguistiques de politesse et d'impolitesse, il y a une grande variabilité dans leurs manifestations concrètes (qui doit être poli envers qui, de quelle manière, dans quelles situations, etc.). Le film se déroule sur une frontière linguistique qui sépare la communauté des élèves de celle des enseignants. Cette frontière, autour de laquelle de nombreux conflits éclatent dans différentes scènes, est essentiellement constituée par le langage. La dynamique se répète de manière constante tout au long du film: des échanges plus ou moins longs, presque des duels linguistiques visant à affirmer le pouvoir du vainqueur.

Nous avons choisi d'examiner un passage du film dans lequel la violence verbale, bien que provenant d'une attitude inappropriée de deux élèves (qui, lors d'un conseil de classe, s'étaient mises à rire de manière bruyante), peut être attribuée à l'enseignant.

---

[303] Voici quelques recherches et réflexions d'un point de vue didactique qui proposent de traiter l'impolitesse linguistique dans le cadre d'une pédagogie communicative attentive à exposer l'apprenant à une pluralité de registres: Dewaele J.-M., « Appropriateness in foreign language acquisition and use: some theoretical, methodological and ethical considerations », *International Review of Applied Linguistics* 46 (3), 2008, pp. 245–65 ; Mugford G., « How rude! Teaching impoliteness in the second-language classroom », *ELT Journal* 62(4), 2008, pp. 375–84; Doyle T. M., « Teaching 'bad language' in a serious and systematic manner », in *Proceedings of the CATESOL State Conference*, 2006, in https://www.catesol.org/.

[304] Cf. Kerbrat-Orecchioni C., "Introducing polylogue", *Journal of Pragmatics*, 36(1), 2004, pp. 1–24.

L'épisode central de la diégèse filmique[305] est en effet celui où l'enseignant sort de son rôle d'autorité, de la maîtrise de la langue qui le caractérise et le définit, et, fatigué, et peut-être blessé, par le comportement « insolent » des deux étudiantes, les apostrophe avec l'insulte de « pétasses », donnant lieu à une série de conséquences, y compris graves pour la communauté scolaire, qui soulignent la nature pragmatique de l'insulte, véritable acte linguistique qui provoque une action (pas nécessairement linguistique) chez l'interlocuteur. Ce « péter les plombs » linguistiques de la part de l'enseignant manifeste la présence de la violence verbale dans les deux pôles. C'est autour de l'insulte « pétasse » que s'articule toute l'histoire dont l'enjeu est le degré différent d'agressivité et de violence verbale attribué par les élèves et l'enseignant à cette expression, et qui sera à l'origine d'une querelle dont les conséquences seront également importantes pour les autres élèves de la classe (en particulier, l'élève Souleymane finira par réagir à la situation par une violence non plus seulement verbale mais physique, et donc plus facilement sanctionnable, il sera renvoyé de l'école). L'importance de l'épisode dans la diégèse narrative est soulignée par le fait qu'il est repris, dans une des scènes finales, par l'élève Sandra (Esméralda dans le film) qui, face à l'étonnement de l'enseignant à qui elle vient de révéler qu'elle a lu « La République » de Platon, répond ironiquement « Ce n'est pas un livre de pétasses, hein? ». L'épisode est repris de manière sensiblement fidèle dans le texte filmique. En voici le passage:

> Alors que je parlais à une classe silencieuse inattentive, que Gibran et Arthur se livraient à une analyse comparative de leurs calculatrices en pouffant de je ne sais quoi, que Michael faisait oui de la tête en pensant à autre chose, que les murs piquaient du nez et finiraient par nous tomber dessus, Sandra a éclaté d'un rire sans vergogne. Je l'ai sommée de se calmer, elle a fait un signe d'impuissance tout en se tordant. J'ai calé mes poings sur mes hanches.

> — Ça va pas recommencer comme avant-hier.

> Elle s'est un peu figée dans sa torsion. J'ai enchaîné:

> — J'ai pas eu l'occasion de vous le dire, mais franchement j'ai eu honte de vous. Ça s'fait pas d'éclater de rire comme ça en plein CA, on était embêtés de pas pouvoir vous arrêter.

---

[305] Cf. Boillat A., « La 'diégèse' dans son acception filmologique. Origine, postérité et productivité d'un concept », *Cinémas*, 19(2–3), 2009, pp. 217–245.

— Eh ben quoi? On est sorties non?

— Au bout de dix minutes, et c'était dix minutes de trop.

— Sérieux ça dérangeait pas.

— Ah si, ça dérangeait, les gens étaient même très dérangés de pas savoir comment vous dire gentiment d'arrêter.

Les intéressées se sont interrogées du regard d'un bout à l'autre de la classe. Soumaya s'apprêtait à partir dans une bouderie. Je vidais mon sac.

— Je m'excuse mais moi, rire comme ça en public, c'est c'que j'appelle une attitude de pétasses.

Elles ont explosé en chœur.

— C'est bon, on est pas des pétasses.

— Ça s'fait pas de dire ça, m'sieur.

— J'ai pas dit que vous étiez des pétasses, j'ai dit que sur ce coup-là vous aviez eu une attitude de pétasses.

— C'est bon, c'est pas la peine de nous traiter.

— Ça s'fait pas monsieur d'nous traiter.

— On dit pas traiter, on dit insulter.

— C'est pas la peine de nous insulter de pétasses.

On dit insulter tout court, ou traiter de. Mais pas un mélange des deux. Je vous ai insultées, ou alors je vous ai traitées de pétasses, mais pas les deux à la fois.

— D'où vous nous insultez de pétasses? Ça s'fait pas m'sieur.

— Ça y est, c'est bon, OK, d'accord, on arrête là[306].

[...]

— Oh là là dites pas ça, mon père il apprend que vous m'avez insultée de pétasse il vous tue, j'vous jure sur la vie d'mes enfants de plus tard.

---

[306]   Bégaudeau F., Cantet L., Campillo R., *Le scénario du film* Entre les murs, cit., pp. 82–83.

J'avais la bouche pâteuse d'avoir peu dormi, mais ça mitraillait.

> – Premièrement on dit pas insultées de pétasses, on dit insultées en disant que vous étiez des pétasses (ou alors on dit traitées de pétasses), mais « insulter de » ça se dit pas, commence par apprendre le français si tu veux t'en prendre à moi, deuxièmement je vous ai pas traitées de pétasses, j'ai dit que vous avez eu une attitude de pétasses, ça n'a rien à voir, t'es capable de comprendre ça ou non?
> – T'façon tout le collège est au courant.
> – Au courant de quoi?
> – Que vous nous avez insultées de pétasses.

Je criais à voix basse, dents serrées.

> – Je vous ai pas traitées de pétasses, j'ai dit qu'à un moment donné vous aviez eu une attitude de pétasses, si tu comprends pas ça la différence t'es complètement à la rue ma pauvre.
> – Vous savez c'est quoi une pétasse?
> – Oui je sais c'est quoi une pétasse, et alors? La question se pose pas puisque je vous ai pas insultées de pétasses.
> – Pour moi une pétasse j'suis désolée mais c'est une prostituée.
> – Mais c'est pas du tout ça une pétasse.
> – C'est quoi alors?

Mon haut débit s'est un peu enrayé.

> – Une pétasse c'est... c'est... c'est une fille pas maligne qui ricane bêtement. Et vous au CA à un moment vous avez eu une attitude de pétasses. Quand vous vous êtes esclaffées, c'était comme des pétasses.
> – Pour moi c'est pas ça, pour moi une pétasse c'est une prostituée. Elle a pris à témoin le cercle de filles qui, béates, me regardaient postillonner depuis cinq minutes.
> – Les filles, pétasse ça veut dire prostituée ou quoi?

Toutes ont acquiescé. J'ai pivoté sur place pour m'engouffrer dans l'escalier. Tout de suite mes yeux ont piqué[307].

---

[307]   Ivi, pp. 88–89.

Comme on peut le voir dans cette scène, le conflit élève-enseignant est déclenché précisément par un acte d'impolitesse linguistique de la part de l'enseignant, et par les réactions qu'il déclenche parmi le groupe d'élèves, qui montrent paradoxalement, par leur réaction, qu'ils savent très bien ce que signifie respecter les normes de la politesse linguistique. Cependant, la scène, tout en révélant le conflit en cours, montre implicitement qu'il existe en fait un partage substantiel de l'imagerie linguistique entre les enseignants et les élèves. Les élèves et les enseignants ne sont pas d'accord sur la dimension insultante de l'insulte « pétasse », mais ils sont capables d'en discuter et d'en questionner la nature ensemble. La tension entre les deux groupes, la lutte déclenchée par la transgression verbale, finit par jouer le rôle d'une épreuve initiatique dans un film qui raconte en fait le passage à l'âge adulte d'un groupe de jeunes et l'implication des enseignants dans ce mouvement. Le spectateur, et dans notre cas l'apprenant du FLE, privé de la possibilité de s'identifier facilement à l'un des deux groupes animant la scène filmique, finit par être frappé, à notre avis, non pas tant par l'insulte que par la violence et l'urgence de la question. Il y a donc un élément universellement partagé (l'existence de normes de politesse linguistique) et un élément reconnaissable, à savoir la dimension culturelle ou plutôt générationnelle de l'acte linguistique. Autrement dit, l'accord - ou non - sur l'appartenance d'une expression à cet ensemble.

L'importance d'une langue commune est l'axe narratif du film, qui s'inscrit à juste titre dans l'univers culturel français, notoirement caractérisé par le partage de l'importance de la dimension linguistique dans la vie et l'imaginaire des individus[308].

Or, l'impolitesse linguistique est une dimension intrinsèque de la communication et il existe de nombreux exemples de son utilisation dans des occasions d'interaction que le locuteur lui-même peut facilement se rappeler, les ayant vécus dans des situations qui l'ont impliqué à la première personne (dans des interactions face à face ou à distance, médiatisées par l'utilisation de technologies) ou en tant que spectateur (par exemple, films, dessins animés, publicités, radio, chansons, fictions, etc.). Bien qu'il s'agisse d'un phénomène linguistique qui fait l'objet d'études et de discussions depuis plusieurs décennies, l'attention et l'application

---

[308]   Cf. Houdebine-Gravaud A.-M. (sous la direction de), *L'imaginaire linguistique*, Paris, L'Harmattan, 2005.

de la recherche sur cette dimension spécifique de la communication à la
didactique des langues (orales et écrites) sont encore assez limitées. Bien
qu'il puisse arriver qu'un apprenant de langue étrangère soit confronté à
des comportements verbaux reconnaissables comme des actes d'impolitesse linguistique, ce phénomène fait rarement l'objet d'une réflexion
explicite dans l'enseignement des langues étrangères et, comme on l'a
vu, il y a encore très peu d'exemples d'impolitesse linguistique dans le
matériel pédagogique. L'une des raisons possibles de cette absence peut
être que le traitement et l'utilisation d'insultes et/ou d'expressions gros-
sières, et en particulier l'emploi pragmatique de ces expressions dans la
didactique du FLE, nécessiterait d'exposer l'apprenant à une pluralité
de registres, de situations et à une grande variété de contributions et
de matériels[309], une pratique qui n'est pas toujours réalisable dans les
cours. Cependant, les enseignants s'occupant d'adolescents soulignent[310]
le caractère incontournable d'apprentissage d'unités lexicales insultantes
puisque les jeunes les apprennent en entrant en contact avec des supports autres que ceux utilisés dans le contexte scolaire, notamment des
chansons et des films. En revanche, dans le cas des apprenants adultes,
l'importance de leur permettre d'évaluer l'adéquation (au contexte) de
leur production langagière et de celle de leur interlocuteur est presque
unanimement reconnue[311].

Parmi les chercheurs qui soutiennent que la reconnaissance de ces
éléments linguistiques et la compréhension par les étudiants des usages
linguistiques seraient appropriées, Gerrard Mugford soutient qu'il ne
s'agit pas d'enseigner comment être ou devenir impoli et offensif, mais
« to help learners recognize instances of impoliteness and offer choices
when dealing with impoliteness[312] ».

---

[309]   Cf. Toya M., Kodis M., "But I don't want to be rude: On learning how to express
        anger in the L2", *JALT Journal* 18 (2), 1996, pp. 279–295.

[310]   Cf. Cordisco M., Di Sabato S., "L'utilizzo di parole tabù nell'inglese di oggi. Il
        caso di 'fuck' nella comunicazione ordinaria e nella classe di inglese", *Testi e Lin-
        guaggi*, 2, 2008, pp. 87–104. Cependant, il convient de souligner que les ensei-
        gnants de FLE qui décident d'inclure une réflexion sur les insultes dans leurs cours
        doivent également tenir compte des sensibilités linguistiques des apprenants et des
        communautés dans lesquelles ils enseignent en proposant des activités pédago-
        giques spécifiques qui ne heurtent pas les sensibilités de chacun.

[311]   Cf. Ibidem.

[312]   « d'aider les apprenants à reconnaître les cas d'impolitesse et proposer des choix
        face à l'impolitesse » (Mugford G., "How rude! Teaching impoliteness in the
        second-language classroom", cit., p. 383).

Dans cette optique, notre proposition didactique propose: a) des activités d'observation et de reconnaissance de séquences interactionnelles conflictuelles et impolies pour identifier la valeur pragmatique de certains usages linguistiques (expressions figées, mots isolés, interjections, etc.); b) des activités d'emploi pour permettre aux apprenants d'utiliser la langue française dans des contextes communicatifs spécifiques stimulés par des activités ouvertes et des jeux de rôle; c) des activités de réflexion pour encourager l'interaction et la comparaison entre pairs afin que le processus d'apprentissage soit (aussi) le résultat d'une co-construction, d'une négociation et d'un partage des connaissances. En outre, la proposition est organisée selon une structure en trois étapes, à savoir observer, utiliser et réfléchir.

D'une part, ce type d'activité permet aux étudiants de reconnaître que, selon le contexte, certains mots courants peuvent prendre la valeur d'une insulte. À partir de cette constatation, les apprenants sont amenés, dans le cadre d'un *brainstorming* collectif, à faire émerger des expériences linguistiques personnelles, des usages linguistiques et des connaissances préalables concernant l'utilisation des insultes. Par exemple, on peut leur demander d'écrire les insultes en langue française qu'ils connaissent ou de raconter des situations dans lesquelles ils ont entendu ou utilisé une insulte en français ou ont été frappés par l'utilisation d'une expression insultante. Ensuite, en groupe, les apprenants sont invités à comparer leurs choix avec la classe et, au tableau, toutes les insultes identifiées sont rapportées afin de les faire réfléchir sur les conséquences de leur utilisation.

Ce type d'activité offre des indices permettant d'amorcer une réflexion métapragmatique en demandant, par exemple, de classer les insultes identifiées par ordre de gravité, de la moins offensante à la plus offensante. Ce type de réflexion est fonctionnel pour la phase d'observation car il permet d'introduire une variation dans l'utilisation des insultes et de souligner que les insultes, selon le contexte, ne correspondent pas toujours à une offense directe à l'égard d'un interlocuteur.

Le succès d'un échange communicatif dépend d'un certain nombre de facteurs qui ne peuvent être attribués uniquement à la compétence linguistique et à l'utilisation correcte de la langue par le locuteur ou celui qui écrit. Dans le cadre de l'interaction, les locuteurs font des choix linguistiques et la capacité à faire ces choix présuppose un certain degré de compétence pragmatique. L'une des raisons pour lesquelles il semble approprié de faire des aspects pragmatiques de la langue cible l'objet de l'enseignement lors de la conception d'une intervention pédagogique est la difficulté de développer spontanément une compétence pragmatique dans la langue étrangère.

En outre, comme le souligne Kathleen Bardovi-Harlig[313], plusieurs études révèlent que les apprenants qui ne bénéficient d'aucun enseignement de la pragmatique de la langue étrangère ont tendance à éprouver des difficultés à utiliser la langue cible d'une manière appropriée au contexte de communication, même dans des situations d'immersion.

L'acquisition d'une familiarité et d'une compétence en ce qui concerne les différents niveaux de communication, y compris la dimension conflictuelle de la communication et les phénomènes spécifiques qui caractérisent le langage offensif, peut permettre aux apprenants de FLE de développer une plus grande conscience et d'être en mesure de reconnaître certaines situations potentiellement conflictuelles et (éventuellement) d'être en mesure de faire des choix appropriés en matière de communication et de politesse linguistique.

Notre proposition didactique suggère que la possibilité d'interagir « entre pairs » dans des contextes collaboratifs est importante pour développer la compétence communicative dans son ensemble, c'est-à-dire non seulement la compétence linguistique liée à la connaissance des ressources d'une langue et à la manière de les organiser, mais aussi la compétence communicative liée à l'efficacité et à l'adéquation de l'utilisation de ces ressources[314].

---

[313]   Bardovi-Harlig K., "Evaluating the empirical evidence: grounds for instruction in pragmatics?", in Rose K. R., Kasper G. (eds), *Pragmatics in language teaching*, Cambridge, Cambridge University Press, 2001, pp. 13–32, p. 29.

[314]   Cf. Thomas J., "Cross-cultural pragmatic failure", *Applied Linguistics* 4(2), 1983, pp. 91–112.

Remarques pour conclure

Notre analyse a montré que la réappropriation (ou appropriation ou réclamation) des insultes est une stratégie ouverte en premier lieu aux membres du groupe discriminé, stratégie qui prend aussi la forme d'une résistance collective. Le processus de réappropriation est en quelque sorte intermédiaire entre les deux stratégies d'antidote et de vaccin contre les discours de haine: né comme un remède aux usages offensifs et toxiques des insultes, il peut se transformer, en diachronie, en immunisation des individus potentiellement visés, voire en neutralisation de la portée négative de certains énoncés de haine. Nous avons constaté qu'il existe des contextes d'utilisation d'insultes considérées comme non offensantes dans cette catégorie. En effet, les utilisations d'insultes visant à exprimer un sentiment d'intimité et d'appartenance, et à renforcer les liens identitaires - typiquement, mais pas exclusivement, par les membres du groupe dénigré - sont définies comme « réappropriatives ». On parle d'usages « communautaires » pour désigner de manière générique ce type d'usage par les membres du groupe cible: cependant, il est possible de distinguer au moins deux types de contextes. D'une part, les contextes amicaux, dans lesquels les membres du groupe cible utilisent les insultes de manière non strictement politique, souvent dans des contextes privés, pour exprimer la proximité et l'intimité, et pour délimiter le groupe par rapport aux non-membres; d'autre part, les contextes de réappropriation effective, souvent publique, dans lesquels les militants pour la défense des droits du groupe discriminé revendiquent l'utilisation des insultes comme un outil de lutte politique consciente. Dans ce type de contexte, on peut également inclure les utilisations par des artistes et intellectuels qui se réapproprient les insultes pour subvertir les normes socioculturelles dominantes[315].

Une des explications des processus de réappropriation passe par une réflexion sur le rôle qu'y jouent les communautés, les institutions et les associations de défense des droits civiques, qui en font des instruments

---

[315]   Cf. Rahman J., "The N Word: Its History and Use in the African American Community", *Journal of English Linguistics*, 40, 2, 2012, pp. 137–171.

déclarés de la bataille politique. En effet, la pratique de la réappropriation permet de poursuivre des objectifs avant tout sociaux et politiques, avant tout le retrait du pouvoir des mains des personnes qui discriminent, grâce à la transformation d'une de leurs armes d'oppression: l'utilisation réappropriée de l'insulte dans des contextes protégés a en effet non seulement pour but de consolider le lien entre les membres du groupe, en exprimant un sentiment de solidarité et de force, mais aussi pour effet bénéfique de renforcer les individus soumis au dénigrement, en les désensibilisant à l'offense[316]. Les études empiriques montrent non seulement que les personnes qui utilisent une insulte pour elles-mêmes se sentent plus fortes, mais aussi qu'elles sont perçues par les autres comme plus fortes: l'auto-qualification de l'insulte semble également atténuer sa force offensive et la transformer en une expression de pouvoir et d'affirmation, ce qui facilite le processus de neutralisation au fil du temps[317].

Mais se réapproprier une insulte ne signifie pas seulement lui donner un nouveau sens. Dans les usages les plus conscients et les plus politiques - promus par des individus ou des communautés qui s'opposent ouvertement aux attitudes discriminatoires des locuteurs habituels des insultes - les anciens sens ne sont pas remplacés et effacés, mais subvertis: les usages réappropriatifs jouent sur le fait que le mot possède un sens dénigrant et offensant, un sens qui persiste en quelque sorte et qui permet ainsi de rappeler au groupe cible son statut discriminatoire[318]. En revendiquant l'emploi de certaines insultes, les personnes LGBTQ+ francophones donc échappent au processus d'interpellation et manifestent l'importance d'agir sur le terrain de la dénomination afin d'être acteurs et actrices de leur propre énonciation. Selon Lynne Tirrell[319] les processus de réappropriation identitaire offrent un plus grand contrôle sur son image discursive et sur le récit que l'on fait de soi ; autrement dit, dans

---

[316]   Cf. Hom C., "The Semantics of Racial Epithets", cit.

[317]   Cf. Galinsky A. D. *et al.*, "The Reappropriation of Stigmatizing Labels: Implications for Social Identity", in Polzer J.(ed.), *Identity Issues in Groups*, Bingley, Emerald, 2003, pp. 221–256; Galinsky A. D., *et al.*, "The Reappropriation of Stigmatizing Labels: The Reciprocal Relationship Between Power and Self-Labeling", cit.

[318]   Cf. Cf. Hornsby J., "Meaning and Uselessness: How to Think about Derogatory Words", cit.; Croom A., "How to Do Things with Slurs: Studies in the Way of Derogatory Words", cit.

[319]   Cf. Tirrell L., « Definition and Power. Toward Authority without Privilege », *Hypatia* 8(4), 1993, pp. 1–34.

notre cas le groupe établit lui-même ses propres frontières, sa propre compréhension, limitant dès lors l'éventualité pour les personnes qui lui sont extérieures d'intervenir dans sa dénomination.

Notre analyse a mis en évidence certains aspects connotatifs de la *slur* « pédé » à travers l'observation des contextes d'emploi, permettant de comprendre comment les insultes véhiculent les croyances, les conventions et les idées des locuteurs. En effet, force est de constater que « les mots ne sont pas neutres, parce que leur usage les imprègne d'un surplus de signification qui s'intègre progressivement à leur définition même[320] ».

De plus, en opérant directement sur la langue, les locuteurs font du principe d'autodéfinition un enjeu nécessaire à leur constitution en tant que sujets[321].

Pour ce qui est de la didactique des langues étrangères, l'étude et la réflexion métalinguistique sur l'impolitesse linguistique permet la formation et la consolidation d'une compétence métalinguistique active chez le locuteur[322], capable d'évaluer les choix linguistiques les plus appropriés par rapport à chaque contexte et d'identifier les facteurs problématiques potentiels; d'autre part, le manque d'attention aux mots rend plus acceptable le manque d'attention aux actions[323]. La prise de conscience des faits linguistiques devrait être encouragée par le développement de la compétence de dénigrement, qui devrait être un aspect de la programmation linguistique, étant donné que la programmation n'inclut pas les choix de valeurs des individus, mais les éléments nécessaires à un apprenant pour développer une compétence communicative. Opérer du point de vue de l'enseignement des langues étrangères sur la « politesse » et l'« impolitesse » linguistiques signifie fournir à un individu d'autres outils pour faire face à une insulte à travers différentes réactions: « politeness presupposes the potential for aggression and seeks to disarm it so that potentially aggressive individuals can communicate[324] ». Si l'insulte

---

[320]   Pétard J.-P., *Psychologie sociale*, Paris, Éditions Bréal, 2007, p. 278.

[321]   Cf. Lindemann N. H., *Damaged Identities. Narrative repair*, Ithaca/London, Cornell University Press, 2001.

[322]   Cf. Peppoloni D., *Glottodidattica e metalinguaggio. La consapevolezza metalinguistica come strumento per l'acquisizione delle lingue straniere*, Perugia, Guerra, 2018.

[323]   Cf. Bianchi C., *Hate speech. Il lato oscuro del linguaggio*, cit.

[324]   Pilch J., "Insults and face work in the Bible", *HTS Teologiese Studies, Theological Studies*, 70, 2014, pp. 18–8, p. 2.

représente, comme l'affirme Bianchi, « le côté obscur du langage[325] », il n'est pas possible de faire comme si elle n'existait pas, en continuant à perpétuer les modèles didactiques traditionnels qui l'ignorent et la censurent, sans qu'aucune attention scientifique ne lui soit accordée. En effet, c'est même dans la didactique des langues que se trouve la clé pour briser la tradition et la sacralisation de l'insulte, en en faisant un choix expressif comme tant d'autres, avec une série de conséquences prévisibles. L'insulte représente aussi bien les lexèmes de la haine que ceux de la plaisanterie et de l'expression de l'affectivité et des émotions, constituant une partie importante et inaliénable de nos patrimoines linguistiques[326].

Quant à la didactique du FLE, un travail sur l'oral et sur le vernaculaire[327] doit être fait dans ses cours de manière générale et plus systématique dès le début de l'apprentissage de la langue française et non à partir du niveau B2, comme le préconise le CECRL avec le développement de la compétence sociopragmatique. Souvent, le vernaculaire est lui aussi absent ou alors présenté de manière marginale dans les manuels de FLE[328] dans des rubriques, des listes de vocabulaire illustrant le français familier et le langage des jeunes, qui sont souvent stigmatisés. L'impolitesse linguistique et tous les actes de parole, comme les insultes, qui y sont associés devraient être présentés comme une thématique à part entière, légitime et sans tabou. Ainsi, l'oral spontané pourrait être mis en évidence, notamment, par exemple, dans des conversations entre amis où la violence verbale et les conflits apparaissent fréquemment[329]. Comme on l'a vue, dans une approche didactique concernant la réflexion sur l'emploi des insultes, les films représentent un support motivant et accessible pour les apprenants et permettent de faire travailler de nombreuses

---

[325]   Bianchi C., *Hate speech. Il lato oscuro del linguaggio*, cit.

[326]   Cf. Capuano R., *Turpia: sociologia del turpiloquio e della bestemmia*, Milano, Costa & Nolan, 2007.

[327]   Cf. Gadet F., *La variation sociale en français*, Paris, Ophrys., 2003.

[328]   Cf. Dekhissi L., « La violence verbale est-elle un sujet tabou dans les manuels de FLE? », *Neuphilologische Mitteilungen*, *124*(1), 2023, pp. 181–207.

[329]   Cf. Laforest M., "Scenes of family life: complaining in everyday conversation", *Journal of Pragmatics* 34, 2002, pp. 1595–1620; Laforest M., "Complaining in front of a witness: Aspects of blaming others for their behaviour in multi-party family interactions", *Journal of Pragmatics* 41, 2009, pp. 2452–2464.

compétences. De fait, Lucien Brown[330] encourage le recours à des outils multimédias pour sensibiliser aux variations pragmatiques et constate que des supports pédagogiques tels que les manuels de langue étrangère favorisent l'enseignement de la langue standard au détriment du vernaculaire, ce qui retarde l'apprentissage de la variation diaphasique.

---

[330] Brown L., "Teaching 'casual' and/or 'impolite' language through multimedia: the case of nonhonorific *panmal* speech styles in Korean", *Language, Culture and Curriculum*, 26 (1), 2013, pp. 1–18.

Références bibliographiques

Alberdi Urquizu C., « Politesse, impolitesse, auto-politesse: Janus revisité », *Çédille, revista de estudios franceses*, 5 (2009), pp. 24–55.

Alfonzetti G., « Gli insulti: alcuni criteri di categorizzazione », in S. C. Trovato (Ed.), *Studi linguistici in memoria di Giovanni Tropea*, vol. 1, Alessandria, Edizioni dell'Orso, 2009, pp. 67–78.

Anderson L., Lepore E., "Slurring Words", in *Noûs*, 47, 2013, pp. 25–48.

Auger N. *et al.*, « De la violence verbale pour une sociolinguistique des discours et des interactions », *Congrès Mondial de Linguistique Française*, Paris, EDP Sciences, 2008.

Auger N., Moïse C., « Violence verbale: malentendu ou mésentente », in Bacha J., Laroux G., Séoud A., *Le malentendu*, Sousse, Presses Internationales de la Faculté des Lettres de Sousse, 2005, pp. 293–302.

Austin J. L., *How to Do Things with Words*, 2° ed., Oxford, Oxford University Press, 1975.

Austin J. L., *Philosophical Papers*, 3° ed., Oxford, Oxford University Press, 1979.

Austin J. L., *Quand dire c'est faire*, Paris, Éditions du Seuil, 1970.

Baider F., Constantinou M., "Covert hate speech: A contrastive study of Greek and Greek Cypriot online discussions with an emphasis on irony", *Journal of Language Aggression and Conflict*, 8(2), 2020, pp. 262–287.

Balirano G., Hughes B. (dir.), *Homing in on hate: critical discourse studies of hate speech, discrimination and inequality in the digital age*, Napoli, Paolo Loffredo Editore, 2020.

Bardovi-Harlig K., "Evaluating the empirical evidence: grounds for instruction in pragmatics?", in Rose K. R., Kasper G. (eds), *Pragmatics in language teaching*, Cambridge, Cambridge University Press, 2001, pp. 13–32.

Bazzanella C., "Contextual Constraints in CMC Narrative", in Hoffmann C. R. (Ed.), *Narrative Revisited: Telling a Story in the Age of New Media* (pp. 19–37), Amsterdam/Philadelphia, Benjamins, 2010.

Bazzanella C., "Insulti e pragmatica: complessità, contesto, intensità", in *Quaderns d'Italià* 25, 2020, pp. 11–26.

Bazzanella C., Caffi C., Sbisà M., "Scalar Dimensions of Illocutionary Force", in Zagar I. Z. (Ed.), *Speech Acts: Fiction or reality?* (pp. 63–76), Ljubljana, IPRA distribution Center for Jugoslavia, 1991.

Bedijs K., « Langue et générations: le langage des jeunes », *Manuel de linguistique française*, edited by Polzin-Haumann C., Schweickard W., Berlin/München/Boston, De Gruyter, 2015, pp. 293–313.

Beebe J., "Basic Concepts and Techniques of Rapid Appraisal", *Human Organization*, 54(1), 1995, pp. 42–51.

Bégaudeau F., Cantet L., Campillo R., *Le scénario du film* Entre les murs, Paris, Gallimard, 2008.

Ben Hamadi H. M., « Les actes menaçants implicites: le cas des insultes indirectes », *Acta Universitatis Lodziensis. Folia Litteraria Romanica*, (12), 2018, pp. 235–245.

Bergson H., *La politesse*, Paris, Payot & Rivages, 2008.

Bianchi A., De Nicola M., Di Bartolomeo G., Di Giovanni P., Papa S., Trio O., *Economia della cortesia. Il valore economico del rispetto e della considerazione per gli altri*, Roma, Carocci, 2008.

Bianchi C., "Il lato oscuro delle parole: epiteti denigratori e riappropriazione", *Sistemi Intelligenti*, XXVII, 2, 2015, pp. 285–301.

Bianchi C., "Parole come pietre: atti linguistici e subordinazione", *Esercizi Filosofici*, vol. 10, n. 2, 2015, pp. 115–135.

Bianchi C., "Slurs and Appropriation: An Echoic Account", *Journal of Pragmatics*, 66, 2014, pp. 35–44.

Bianchi C., *Hate speech. Il lato oscuro del linguaggio*, Laterza, Roma-Bari, 2021.

Bianchi C., *The Speech Acts Account of Derogatory Epithets: Some Critical Notes*, in Julien Dutant, Davide Fassio, Anne Meylan (eds.), *Liber Amicorum Pascal Engel*, Genève, Université de Genève, 2014, pp. 465–480.

Blanchet P., *La Pragmatique. D'Austin à Goffman*, Paris, Bertrand-Lacoste, 1995.

Boillat A., « La 'diégèse' dans son acception filmologique. Origine, postérité et productivité d'un concept », *Cinémas*, 19(2–3), 2009, pp. 217–245.

Bolinger R. J., "The Pragmatics of Slurs", *Noûs*, 51, 3, 2017, pp. 439–462.

Borillo D., *L'homophobie*, Paris, PUF, 2000.

Bousfield D., Locher M. A. (Edd.), *Impoliteness in Language: Studies on its Interplay with Power in Theory and Practice*, Berlin/New York, De Gruyter, 2008.

Bracops M., *Introduction à la pragmatique. Les théories fondatrices: actes de langage, pragmatique cognitive, pragmatique intégrée*, Louvain-la-Neuve, De Boeck Supérieur, 2010.

Brontsema R., "A Queer Revolution: Reconceptualizing the Debate over Linguistic Reclamation", *Colorado Research in Linguistics*, 17, 2004, pp. 1–17.

Brown A., *Hate Speech Law: A Philosophical Examination*, New York/London, Routledge, 2015.

Brown L., "Teaching 'casual' and/or 'impolite' language through multimedia: the case of nonhonorific *panmal* speech styles in Korean", *Language, Culture and Curriculum*, 26 (1), 2013, pp. 1–18.

Brown P., Levinson S. C., *Politeness. Some Universals in Language Usage*, Cambridge UK, Cambridge University Press, 1987.

Burke P., « L'art de l'insulte en Italie aux XVIe et XVIIe siècles », in Delumeau J. (éd.), *Injures et blasphemes*, Paris, Imago, 1989, pp. 49–62.

Butler J., *Le Pouvoir des mots. Politique du performatif,* traduit de l'anglais par Charlotte Nordmann avec la collaboration de Jérôme Vidal, Paris, Éditions Amsterdam, 2004.

Caffi C., *Modulazione, mitigazione, litote*, in Conte M. E., Giacalone Ramat A., Ramat P. (a cura di), *Dimensioni della linguistica*, Milano, FrancoAngeli, 1990, pp. 169–99.

Camet D., Jobert. M., *Aspects of Linguistic Impoliteness*, Cambridge, Cambridge Scholar Publishing, 2013.

Candea M., Véron L., *Le français est à nous! Petit manuel d'émancipation linguistique*, Paris, La Découverte, 2021.

Capuano R. G., *Turpia: sociologia del turpiloquio e della bestemmia*, Milano, Costa & Nolan, 2007.

Cepollaro B., «Slurs as the Shortcut of Discrimination», *Rivista di estetica*, 64, 2017, pp. 53–65.

Cervulle M., Quemener N., « Queer », in Rennes J. (éd.), *Encyclopédie critique du genre*, Paris, La Découverte, 2016, pp. 529–538.

Charaudeau P., « Étude de la politesse entre communication et culture », in Cozma A-M., Bellachhab A., Pescheux M. (dir.), *Du sens à la signification*.

De la signification aux sens. Mélanges offerts à Olga Galatanu, Bruxelles, Peter Lang, 2014, 2014, pp. 137–154.

Chastaing M., Abdi H., « Psychologie des injures », *Journal de psychologie normale et pathologique*, 1, 1980, pp. 31–62.

Chauvin S., Lerch A., *Sociologie de l'homosexualité*, Paris, La Découverte, 2013.

Chevalier Y., de Chanay H. C., « Savoir être insulteur, ou les marqueurs non verbaux de l'insulte: quelques exemples de 'pédé' », in Lagorgette D. (éd.), *Les insultes en français: de la recherche fondamentale à ses applications (linguistique, littérature, histoire, droit)*, PU Savoie, 2009, pp. 45–74.

Clair I., « S'insulter entre filles. Ethnographie d'une pratique polysémique en milieu populaire et rural », *Terrains & travaux*, vol. 31, no. 2, 2017, pp. 179–199.

Conseil de l'Europe, *Cadre européen commun de référence pour les langues: apprendre, enseigner, évaluer*, Paris, Éditions Didier, 2001.

Conseil de l'Europe, *Livre blanc sur le dialogue interculturel « Vivre ensemble dans l'égale dignité »*, Strasbourg, Conseil de l'Europe, 2008.

Conseil de l'Europe, *Un cadre européen commun de référence pour les langues apprendre, enseigner, évaluer: volume complémentaire du CECR avec de nouveaux descripteurs*, Strasbourg, Conseil de l'Europe, 2018.

Cordisco M., Di Sabato S., "L'utilizzo di parole tabù nell'inglese di oggi. Il caso di 'fuck' nella comunicazione ordinaria e nella classe di inglese", *Testi e Linguaggi*, 2, 2008, pp. 87–104.

Croom A., "How to Do Things with Slurs: Studies in the Way of Derogatory Words", *Language & Communication*, *33*(3), 2013, pp. 177–204.

Culpeper J., "Impoliteness and Entertainment in the Television Quiz Show: The Weakest Link", *Journal of politeness research*, 1(1), 2005, pp. 35–72.

Culpeper J., "Impoliteness strategies", in Capone A., Mey J. L. (Edd.), *Interdisciplinary Studies in Pragmatics, Culture and Society* (pp. 421–445), Berlin, Springer, 2016.

Culpeper J., "Impoliteness: Using Language to Cause Offence", *Studies in Interactional Sociolinguistics*, 28, Cambridge: Cambridge University Press, 2011.

Culpeper J., "Towards an anatomy of impoliteness", *Journal of Pragmatics*, *25*, 1996, pp. 349–367.

Culpeper J., « Conventionalised impoliteness formulae », *Journal of Pragmatics*, *42*, 2010, pp. 3232–3245.

Culperer J., *Impoliteness: Using language to cause offence*, Cambridge, Cambridge University Press, 2011.

De Fornel M., « Actes de langages et théorie du prototype: l'exemple du compliment », *Cahiers de Praxématique*, 12, 1989, pp. 37–49.

De Fornel M., « Sémantique du prototype et analyse des conversations », *Cahiers de Linguistique Française*, 11, 1990, pp. 159–178.

De Marco A., "La comunicazione interculturale: la cortesia linguistica in una prospettiva cognitivista", *Filosofi(e)Semiotiche*, vol. 4, n. 2, 2017, pp. 15–26.

De Oliveira R., « Traces linguistiques d'impolitesse dans l'échange d'informations : les énoncés négatifs », *Multilinguales*, 3, 2014, pp. 185–200.

De Saussure L., Wharton T., « La notion de pertinence au défi des effets émotionnels », *TIPA. Travaux interdisciplinaires sur la parole et le langage* [En ligne], 35, 2019. URL : http://journals.openedition.org/tipa/3068 ; DOI : https://doi.org/10.4000/tipa.3068.

Dekhissi L., « La violence verbale est-elle un sujet tabou dans les manuels de FLE? », *Neuphilologische Mitteilungen*, *124*(1), 2023, pp. 181–207.

Delaplace M., *Les discours de la haine. Récits et figures de la passion dans la cité*, Villeneuve d'Asc, Presses universitaires du Septentrion, 2009.

Delarre S., « Injures raciales et condition sociale d'après les enquêtes françaises de victimation », *Déviance et Société*, vol. 44, no. 1, 2020, pp. 11–48.

Dewaele J.-M., « Appropriateness in foreign language acquisition and use: some theoretical, methodological and ethical considerations », *International Review of Applied Linguistics* 46 (3), 2008, pp. 245–65.

Doyle T. M., « Teaching 'bad language' in a serious and systematic manner », in *Proceedings of the CATESOL State Conference*, 2006, in https://www.catesol.org/.

Droin N., « L'appréhension des discours de haine par les juridictions françaises: entre travail d'orfèvre et numéro d'équilibriste », *La revue des droits de l'homme*, 14, 2018, pp. 203–218.

Eelen G., *A Critique of Politeness Theories*, Manchester, St. Jerome, 2001.

Elchacar M., « Comparaison du traitement lexicographique des appellations des identités de genre non traditionnelles dans les dictionnaires professionnels et profanes », *Éla. Études de linguistique appliquée*, vol. 194, no. 2, 2019, p. 177–191.

Enache C., Popa G., "Théories linguistiques dans le domaine de la politesse", in *Limbi, culturi și civilizații europene în contact. Perspective istorice și contemporane* (Al Cincilea simpozion internațional - 1-2 Noiembrie 2008), Târgoviște - Primul anunț, 2008, pp. 337–342 (URL: https://www.yumpu.com/fr/document/read/12159198/theories-linguistiques-dans-le-domaine-de-la-politesse).

Ernotte P., Rosier L., « L'ontotype: une sous-categorie pertinente pour classer les insultes? », *Langue française*, n° 144, *Les Insultes: approches sémantiques et pragmatiques*, Paris, Larousse, 2004, pp. 35–48.

Ferrini C., Paris O., *I discorsi dell'odio. Razzismo e retoriche xenofobe sui social network*, Roma, Carocci, 2021.

Fidolini V., « L'hétéronormativité », in Fondation Copernic éd., *Manuel indocile de sciences sociales. Pour des savoirs résistants*, Paris, La Découverte, 2019, p. 798–804.

Finkbeiner R., Meibauer J., Wiese H., *Pejoration,* Amsterdam/Philadelphia, John Benjamins, 2016.

Fisher S., « L'insulte: la parole et le geste », *Langue Française, 144,* 2004, pp. 49–58.

Fracchiolla B., Rosier L., *Insulte* [En ligne], 2019 ⟨hal-02049440⟩.

Fracchiolla B., Romain C., « Principe de coopération interactionnelle et agressivité », *Corela* [En ligne], 18–2, 2020. URL: http://journals.openedition.org/corela/12557; DOI: https://doi.org/10.4000/corela.12557.

Fracchiolla B., Romain C., « *Continuum* et maintien du lien social professionnel en situation de conflit verbal écrit : être poli ou impoli, mais y mettre les formes », *Langage et société*, vol. 173, no. 2, 2021, pp. 203–225.

Fumagalli C., "Discorsi d'odio come pratiche ordinarie", *Biblioteca della Libertà*, 224, 2019, pp. 55–75.

Gadet F., *La variation sociale en français*, Paris, Ophrys, 2003.

Galinsky A. D. *et al.*, "The Reappropriation of Stigmatizing Labels: Implications for Social Identity", in Polzer J.(ed.), *Identity Issues in Groups*, Bingley, Emerald, 2003, pp. 221–256.

Galinsky A. D., *et al.*, "The Reappropriation of Stigmatizing Labels: The Reciprocal Relationship Between Power and Self-Labeling", *Psychological Science*, vol. 24, no. 10, 2013, pp. 2020–29.

Garric N., *Introduction à la pragmatique*, Paris, Hachette Supérieur, 2007.

Gili Fivela B., Bazzanella C., "Noi come meccanismo di intensità", in Gili Fivela B., Bazzanella C. (Edd.), *Fenomeni di intensità nell'italiano parlato* (pp. 101–114). Firenze, Cesati, 2009.

Goetzmann S., « L'homosexualité : du secret à la fierté », *Sociétés*, vol. n°73, no. 3, 2001, pp. 71–78.

Goffman E., *Les rites d'interaction*, trad. fr. par Alain Kihm, Paris, Les Éditions de Minuit, 1974. Édition originale: *Interaction Ritual*, Garden City, Doubleday, 1967.

Gravillon I., « Ma puce, mon p'tit loup… Des surnoms animaliers pour l'enfant », *L'école des parents*, vol. n623, no. 5, 2017, pp. 179–185.

Grice P. H., "Logic and Conversation", *Syntax and Semantics*, Vol. 3, Speech Acts, sous la direction de Peter Cole e Jerry L. Morgan, New York, Academic Press, 1975, pp. 41–58.

Gu Y., "Politeness phenomena in Modern Chinese", *Journal of Pragmatics*, 14, 1990, pp. 237–257.

Gumperz J. J., Introduzione a Brown P., Levinson S. C., *Politeness. Some Universals in Language Usage*, Cambridge UK, Cambridge University Press, 1987.

Hart C., "Animals vs. armies: Resistance to extreme metaphors in anti-immigration discourse", *Journal of Language and Politics*, 20(2), 2021, pp. 226–253.

Held G., Helfrich U. (Edd.), *Cortesia: La cortesia verbale nella prospettiva romanistica: Aspetti teorici e applicazioni / Politesse: La politesse verbale dans une perspective romaniste: Aspects théoriques et applications / Cortesía: La cortesía verbal desde la perspectiva romanística: Aspectos teóricos y aplicaciones*, Frankfurt/Wien, Lang, 2011.

Hendry J., *Wrapping Culture: Politeness, Presentation and Power in Japan and Other Societies*, Oxford, Clarendon Press, 1995.

Hill W. F., Öttchen C. J., *Shakespeare's insults. Educating your wit*, New York, Three River Press, 1991.

Holmes J., "Modifying illocutionary force". *Journal of Pragmatics*, 8, 1984, 341–350.

Holmes J., *Women, Men, and Politeness*, London, Longman, 1995.

Hom C., «The semantics of racial epithets», *Journal of Philosophy*, 105, 2008, pp. 416–40.

Hom C., *A Puzzle about Pejoratives*, "Philosophical Studies", 159, 2012, pp. 383–405.

Hornsby J., "Meaning and Uselessness: How to Think about Derogatory Words", *Midwest Studies in Philosophy*, XXV, 2001, pp. 128–141.

Houdebine-Gravaud A.-M. (sous la direction de), *L'imaginaire linguistique*, Paris, L'Harmattan, 2005.

Ide S., "Formal forms and discernment: two neglected aspects of universals of linguistic politeness", *Multilingua*, 8, 1989, pp. 223–248.

Jeshion R., "Slurs, Dehumanization, and the Expression of Contempt", in Sosa D. (ed.), *Bad Words: Philosophical Perspectives on Slurs*, Engaging Philosophy (Oxford, 2018; online edn, Oxford Academic, 2018).

Jobert M., « L'impolitesse linguistique : vers un nouveau paradigme de recherche ? », *Lexis*, HS 2, 2010, pp. 5–19, p. 10.

Jucker A. H., Taavitsainen I., « Diachronic speech act analysis. Insults from flying to flaming », *Journal of Historical Pragmatics*, 1, 2000, pp. 67–95.

Kaplan R. M., Bresnan J., "Lexical-Functional Grammar: A Formal System for Grammatical Representation", in Bresnan J. ed., *The Mental Representation of Grammatical Relations*, Cambridge, MIT Press, 1982.

Kerbrat-Orecchioni C., "A multilevel approach in the study of talk-in-interaction", *Pragmatics*, 7/1, pp. 1–20.

Kerbrat-Orecchioni C., "Introducing polylogue", *Journal of Pragmatics*, 36(1), 2004, pp. 1–24.

Kerbrat-Orecchioni C., « (Im)politesse et gestion des faces dans deux types de situations communicatives: petits commerces et débats électoraux », *soprag*, 2(2), 2014, pp. 293–326.

Kerbrat-Orecchioni C., « L'impolitesse en interaction », *Lexis*, HS 2, 2010, pp. 35–60.

Kerbrat-Orecchioni C., *L'énonciation*, Armand Colin, Paris, 2006.

Kerbrat-Orecchioni C., *La conversation*, Paris, Seuil, 1996.

Kerbrat-Orecchioni C., *Le discours en interaction*. Paris, Armand Colin, 2005.

Kerbrat-Orecchioni C., *Les actes de langage dans le discours. Théorie et fonctionnement*, Armand Colin, Paris, 2005.

Kerbrat-Orecchioni C., *Les interactions verbales*, tome I, II, III, Paris, Armand Colin, 1990, 1992, 1994.

Kienpointner M., "Varieties of rudeness. Types and functions of impolite utterances", *Functions of Language*, vol. 4:2, 1997, pp. 251–287.

Labov W., "Intensity", in Schiffrin D. (Ed.), *Meaning, Form, and Use in Context: Linguistic Applications* (pp. 43–70), Washington, Georgetown University Press, 1984.

Laforest M., "Complaining in front of a witness: Aspects of blaming others for their behaviour in multi-party family interactions", *Journal of Pragmatics* 41, 2009, pp. 2452–2464.

Laforest M., "Scenes of family life: complaining in everyday conversation", *Journal of Pragmatics* 34, 2002, pp. 1595–1620.

Laforest M., Diane V., « La qualification péjorative dans tous ses états », *Langue française*, n°144, 2004. Les insultes: approches sémantiques et pragmatiques, pp. 59–81.

Laforest M., Moïse C., « Entre reproche et insulte, comment définir les actes de condamnation? », in Fracchiolla B., Moïse C., Romain C., Auger N., *Violences verbales. Analyses, enjeux et perspectives*, Rennes, Presses Universitaires de Rennes, 2013, pp. 85–105.

Lagorgette D. (éd.), *Les insultes en français: de la recherche fondamentale à ses applications (linguistique, littérature, histoire, droit)*, Chambéry, PU Savoie, 2009.

Lagorgette D., « Insultes et conflit: de la provocation à la résolution – et retour », *Les Cahiers de l'Ecole*, 5, 2006, pp. 26–44.

Lagorgette D., Larrivée P., « Interprétation des insultes et relations de solidarité », *Langue Française*, 2004, pp. 83–103.

Lakoff R. T., Sachiko I. (eds), *Broadening the Horizon of Linguistic Politeness*, Amsterdam, Benjamins, 2005.

Lakoff R., *Talking Power: the politics of language in our lives*, Glasgow, HarperCollinsm 1990.

Langton R. *et al.*, *Language and Race*, in Russell G., Graff Fara D. (eds.), *The Routledge Companion to the Philosophy of Language*, New York, Routledge, 2012, pp. 753– 766.

Langton R., *Beyond Belief: Pragmatics in Hate Speech and Pornography*, in Maitra, McGowan, 2012, pp. 72–93.

Langton R., *The Authority of Hate Speech*, in John Gardner, Leslie Green, Brian Leiter (eds.), *Oxford Studies in Philosophy of Law*, Oxford, Oxford University Press, vol. III, 2018, pp. 123–152.

Leech G., *Principles of Pragmatics*, London, Longman, 1983.

Lindemann N. H., *Damaged Identities. Narrative repair*, Ithaca/London, Cornell University Press, 2001.

Locher M. A., "Interpersonal Pragmatics and its Link to (Im)politeness", *Journal of Pragmatics*, 86, 2015, pp. 1–110.

Longhi J., Vernet S., « Quelle place pour les réseaux sociaux numériques dans la production et la circulation des discours de haine? », *Réseaux*, 241(5), 2023, pp. 11–35.

Lorenzi Bailly N., Moïse C. (dir.), *Discours de haine et de radicalisation. Les notions clés*, Lyon, ENS Éditions, 2023.

Lorenzi M.-É., « 'Queer', 'transpédégouine', 'torduEs', entre adaptation et réappropriation, les dynamiques de traduction au cœur des créations langagières de l'activisme féministe queer », *GLAD! Revue sur le langage, le genre, les sexualités*, 02, 2017, pp. 1–17.

Lorenzi-Bailly N., Moïse C. (dir.), *La haine en discours*, Lormont, Bord de l'eau, 2021.

Luraghi S., « Il concetto di prototipicità in linguistica », *Lingua e stile*, 28, 1993, pp. 511–530.

Määttä S., "Linguistic and Discursive Properties of Hate Speech and Speech Facilitating the Expression of Hatred: Evidence from Finnish and French Online Discussion Boards", *Internet Pragmatics* 6(2), 2023, pp. 156–172.

Määttä S., Vernet S., "Reacting to Homophobia in a French Online Discussion: The Fuzzy Boundaries between Heteronormativity and Homophobia", *Discourse & Society* 34(5), 2023, pp. 617–635.

Manelli F. (sous la coordination de), *Pédés*, Paris, Points, 2023.

Manne K., *Down Girl: The Logic of Misogyny*, New York, Oxford University Press, 2018.

Mao L. R., "Beyond politeness theory: 'face' revisited and renewed, *Journal of Pragmatics*, 21, 1994, pp. 451–486.

Mariottini L., *La cortesia*, Roma, Carocci, 2007.

Mateiu I. A., *Pour une grammaire des insultes*, 2005, URL : https://lett.ubbcluj.ro/departamente/departamentul-de-limbi-si-literaturi-romanice/iuliana-mateiu/.

Matsumoto Y., "Reexamination of the universality of face: politeness phenomena in Japanese", *Journal of Pragmatics*, 12, 1988, pp. 403–426.

Maturi P., « Le parole dell'orgoglio e del pregiudizio », in Corbisiero F. (a cura di), *Comunità omosessuali. Le scienze sociali sulla popolazione LGBT*, Milano, FrancoAngeli, 2013.

Mazzotta P., "Il ruolo della cortesia nella formazione della competenza interculturale", *Studi di Glottodidattica*, 4, 2007, pp. 71–89.

Medioni M.-A., « Le cinéma, de la motivation à la mobilisation intellectuelle », *Recherche et pratiques pédagogiques en langues*, Vol. XXXI N° 2, 2012, pp. 140–150.

Merle P., *Argot, Verlan et tchache*, Toulouse, Éditions Milan, 1997.

Micheli R., *L'émotion argumentée. L'abolition de la peine de mort dans le débat parlementaire français*, Paris, Éditions du Cerf, 2010.

Mills S., "Rethinking Politeness, Impoliteness and Gender", in Litosseliti L., Sunderland J. (ed.), *Gender Identity and Discourse Analysis*, Benjamins, Amsterdam-Philadelphia, 2002.

Mills S., *Gender and Politeness*, Cambridge, Cambridge University Press, 2003.

Mitchell N., Haugh M., "Agency, Accountability and Evaluations of Impoliteness", *Journal of Politeness Research*, *11*(2), 2015, 207–238.

Moïse C., « Analyse de la violence verbale: quelque principe méthodologique », in *Actes des XXVIe journées d'études sur la parole*, Dinard, 2006, pp. 103–114.

Moïse C., Guellouz M., Hugonnier C., Lorenzi Bailly N., « Circonscrire le discours de haine numérique. Processus argumentatifs, idéologies et mémoires discursives », *Tranel*, 75, 2021, pp. 41–60.

Moïse C., Oprea A., « Présentation. Politesse et violence verbale détournée », *Semen* [En ligne], 40, 2015. URL : http://journals.openedition.org/semen/10387 ; DOI : https://doi.org/10.4000/semen.10387.

Moïsi D., *La géopolitique des émotions*, Paris, Flammarion, 2009.

Monnier A., Seoane A., Hubé N., Leroux P. (dir.), « Discours de haine dans les réseaux socionumériques », *Mots. Les langages du politique*, 125, 2021.

Mugford G., « How rude! Teaching impoliteness in the second-language classroom », *ELT Journal* 62(4), 2008, pp. 375–384.

Ndobo A., *Les nouveaux visages de la discrimination*, Bruxelles, De Boeck Supérieur, 2010.

Négrier E., Faure A., *La politique à l'épreuve des émotions*, Rennes, Presses universitaires de Rennes, 2017.

Neschke-Hentschke A., « Le sens littéral. Histoire de la signification d'un outil herméneutique », in *Sens et interprétation: Pour une introduction à l'herméneutique*, Villeneuve d'Ascq, Presses universitaires du Septentrion, 2008.

Nitti P., *L'insulto. La lingua dello scherzo, la lingua dell'odio*, Firenze, Franco Cesati Editore, 2021.

Nunberg G., "The Social Life of Slurs", in Fogal D., Harris D. W., Moss M. (eds.), *New Work on Speech Acts*, Oxford, 2018, pp. 237–296.

Padilla Cruz M., "Metarepresentations and Phatic Utterances: A Pragmatic Proposal about the Generation of Solidarity between Interlocutors", in *Current Trends in Pragmatics*, ed. by Cap P., Nijakowska J., pp. 110–128, New Castle upon Tyne, Cambridge Scholars Publishing, 2007.

Panzeri F., "Gli *slurs* tra filosofia del linguaggio e linguistica", *Rivista Italiana di Filosofia del Linguaggio*, 10(1), 2016, pp. 64–77.

Pascoe C. J., *Dude, You're a Fag: Masculinity and Sexuality in High School*, Berkeley, University of California Press, 2007.

Paveau M.-A., « La blessure et la salamandre. Théorie de la resignification discursive », in *Stigmatiser: normes sociales et pratiques médiatiques*, actes du colloque du CARISM, 2019b, p. 1–22. [En ligne]. <https://hal.archives-ouvertes.fr/hal-02003667>.

Paveau M.-A., « La resignification. Pratiques technodiscursives de répétition subversive sur le web relationnel », *Langage et Société*, 2019a, 167, pp. 1–21.

Peppoloni D., *Glottodidattica e metalinguaggio. La consapevolezza metalinguistica come strumento per l'acquisizione delle lingue straniere*, Perugia, Guerra, 2018.

Pétard J.-P., *Psychologie sociale*, Paris, Éditions Bréal, 2007.

Petrilli R. (dir.), *Hate Speech. L'odio nel discorso pubblico. Politica, media, società*. Roma, Round Robin, 2020.

Pilch J., "Insults and face work in the Bible", *HTS Teologiese Studies, Theological Studies*, 70, 2014, pp. 18–8.

Pistolesi E., Schwarze S. (Edd.), *Vicini/lontani: Identità e alterità nella/della lingua*, Frankfurt, Lang, 2007.

Plantin C., *Les bonnes raisons des émotions. Principes et méthode pour l'étude du discours émotionné*, Berne, Peter Lang, 2011.

Polguère A., *Lexicologie et sémantique lexicale. Notions fondamentales*, Montréal, PU Montréal, 2017.

Popa-Wyatt M., *Slurs, Pejoratives, and Hate Speech*, in Pritchard D. (ed.), *Oxford Bibliographies in Philosophy*, Oxford, Oxford University Press, 2020.

Potts C., "The expressive dimension", *Theoretical Linguistics*, 33, 2, pp. 165–197.

Prearo M., *Le Moment politique de l'homosexualité. Mouvements, identités et communautés en France*, Lyon, Presses universitaires de Lyon, 2014.

Predelli S., «From the expressive to the derogatory: on the semantic role for non-truth-conditional meaning», in Sawier S.A. (ed.), *New Waves in Philosophy of Language*, Palgrave-MacMillan, New York, 2010, 164–185.

Pruvost J., *La politesse au fil des mots et de l'histoire*, Paris, Éditions Tallandier, 2022.

Pugliese R., "Meccanismi di intensità in un dialogo tra operai italiani e bengalesi", in Gili Fivela B., Bazzanella C. (Edd.), *Fenomeni di intensità nell'italiano parlato* (pp. 255–273), Firenze, Cesati, 2009.

Pugliese R., Zanoni G., "Impoliteness and Second Language Teaching: Insights from a Pragmatic Approach to Italian L2", *mediAzioni*, 24, 2019, http://mediazioni.sitlec.unibo.it.

Rahman J., "The N Word: Its History and Use in the African American Community", *Journal of English Linguistics*, 40, 2, 2012, pp. 137–171.

Rastier F., « Linguistique et psychologie II: La théorie des prototypes d'Eleanor Rosch, sa réception critique en psychologie et sa réception en sémantique linguistique ». *3. Teilband: An International Handbook on the Evolution of the Study of Language from the Beginnings to the Present*, edited by Auroux S., Koerner E. F. K., Niederehe H.-J., Versteegh K., Berlin/New York, De Gruyter Mouton, 2006, pp. 2649–2656.

Reboul A., Moeschler J., *La pragmatica oggi. Una nuova scienza della comunicazione*, Edizione italiana e apparato critico di Michele Costagliola d'Abele, Fasano, Schena Editore, 2011.

Reisigl M., Wodak R., "The Discourse-Historical Approach", in Wodak R., Meyer M., *Methods of Critical Discourse Studies*, 87–121, London, SAGE Ltd, 2015.

Retta M., "A pragmatic and discourse analysis of hate words on social media", *Internet Pragmatics*, 6(2), 2023, pp. 197–218.

Richard M., *When Truth Gives Out*, Oxford, Oxford University Press, 2008.

Rimé B., *Le partage social des émotions*, Paris, Presses universitaires de France, 2009.

Ritz M.-È., « La sémantique de la négation en français », *Langue française*, n°98, 1993, Les primitifs sémantiques, pp. 67–78.

Rosch E., Mervis B., « Family resemblance in the internal structure of categories », *Cognitive Psychology* 7, 1975, pp. 573–605.

Rosier L., Ernotte P., *Le lexique clandestin. La dynamique sociale des insultes et appellatifs à Bruxelles*, Bruxelles, Duculot, 2000.

Rosier L., *Petit traité de l'insulte*, Loverval, Éditions Labor, 2006.

Toya M., Kodis M., "But I don't want to be rude: On learning how to express anger in the L2", *JALT Journal* 18 (2), 1996, pp. 279–295.

Saka P., *How to Think about Meaning*, Dordrecht, Springer, 2007.

Sbisà M., « Illocutionary force and degree of strength in language use », *Journal of Pragmatics*, 33, 2001, pp. 1791–1814.

Sbisà M., « Per una pragmatica degli atti linguistici: quasi un bilancio », in Orletti F. (ed.), *Fra conversazione e discorso. L'analisi dell'interazione verbale*, Carocci, Roma, 1999, pp. 29–47.

Sbisà M., *Linguaggio, Ragione, Interazione. Per una teoria pragmatica degli atti linguistici*, Bologna, Il Mulino, 1989.

Scarantino A., "How to Do Things with Emotional Expressions: The Theory of Affective Pragmatics", *Psychological Inquiry*, *28*(2–3), 2017, pp. 165–185.

Scollon R., Scollon S. W., *Intercultural Communication*, Oxford UK/Cambridge USA, Blackwell, 2001.

Spinoza B., *L'Éthique*, Paris, Gallimard, 1677 [2007].

Technau B., *Beleidigungswörter. Die Semantik und Pragmatik pejorativer Personenbezeichnungen*, Berlin, De Gruyter, Berlin, 2018, pp. 69–142.

Thomas J., "Cross-cultural pragmatic failure", *Applied Linguistics* 4(2), 1983, pp. 91–112.

Tio Babena G. W., « Aperçu socio-pragmatique de l'insulte », *Une Larme du Diable. Revue des mondes radiophoniques et des univers sonores*, 6, 2015, pp. 31–41.

Tirrell L., « Definition and Power. Toward Authority without Privilege », *Hypatia* 8(4), 1993, pp. 1–34.

Tirrell L., *Genocidal Language Games*, in Maitra, McGowan, 2012, pp. 174–221.

Torrengo G., « La teoria dell'indeterminatezza semantica degli *slur* », *RIFL*, vol. 13, n. 1, 2019, pp. 132–142.

Vanderveken D., *Les actes de discours*, Bruxelles, Pierre Mardaga, 1988.

Vernet S., Määttä S. K., « Modalités syntaxiques et argumentatives du discours homophobe en ligne : chroniques de la haine ordinaire », *Mots. Les langages du politique*, vol. 125, no. 1, 2021, pp. 35–51.

Voirol O., Martini É., « La fabrique discursive de la haine. Affects, agitation fasciste et 'politique du ressentiment' », *Réseaux*, vol. 241, no. 5, 2023, pp. 39–77.

Watts R. J., *Politeness*, Cambridge, Cambridge University Press, 2003, pp. Gino E., *A Critique of Politeness Theories*, Manchester, St. Jerome Publishing, 2001.

Watts R., Ide, S., Ehlich, K., "Introduction", in Watts R., Ide S., Ehlich K. (eds), *Politeness in Language. Studies in its History, Theory and Practice*, Berlin, Mouton de Gruyter, 1992.

Watts R., *Politeness*, Cambridge, Cambridge University Press, 2003.

Watts R., Sachiko I., Konrad E. (eds), *Politeness in Language. Studies in Its History, Theory and Practice*, seconda edizione, Berlin/New York, Mouton de Gruyter, 2005.

Wharton T., *Pragmatics and Non-Verbal Communication*, Cambridge, Cambridge University Press, 2009.

Wierzbicka A., "Cultural scripts: a new approach to the study of cross-cultural communication", in Pütz M. [ed.] *Language Contact and Language Conflict,* Amsterdam/Philadelphia, John Benjamins, 1994, pp. 69–87.

Zanoni G., "La scortesia linguistica in italiano L Dalla piattaforma LIRA all'esperienza in aula", *inTRAlinea*, Special Issue: Translation And Interpreting for Language Learners (TAIL), 2018. URL: https://www.intralinea.org/specials/article/2303.

Comité scientifique de la collection GRAMM-R

Ouvrages parus

N° 53 – Michele Bevilacqua, *La réappropriation de l'insulte dans les discours francophones. Paradigmes, théories et didactique*, 2024.

N° 52 – Denis Paillard, *Grammaire discursive du français. Étude des marqueurs discursifs en -ment*, 2021.

N° 51 – Gaétane Dostie (dir.), *Combats pour la linguistique au Québec (1960–2000). Courants, théories, domaines*, 2020.

N° 50 – Anna Camps and Xavier Fontich (eds.), *Metalinguistic activity straddling writing and grammar*, 2020.

N° 49 – Inès Saddour et Cecilia Gunnarsson (dir.), *Réflexions sur les usages et les utilisateurs du français: aspects acquisitionnels et didactiques*, 2020.

N° 48 – Jana Altmanova et Gabrielle Le Tallec (éds.), *Lexicalisation de l'onomastique commerciale. Créer, diffuser, intégrer*, 2019.

N° 47 – Sabina Gola, Michel Pierrard, Evic Tops et Dan Van Raemdonck (dir.), *Enseigner et apprendre les langues au XXIe siècle. Méthodes alternatives et nouveaux dispositifs d'accompagnement*, 2019.

N° 46 – Albin Wagener, *Discours et système*, 2019.

N° 45 – Olga Galatanu, *La sémantique des possibles argumentatifs. Génération et (re)construction discursive du sens linguistique*, 2018.

N° 44 – Morgane Beaumanoir-Secq, *Conceptualiser les classes de mots. Pour une grammaire utile aux élèves, dans la continuité et la cohérence*, 2018.

N° 43 – Dan Van Raemdonck et Lionel Meinertzhagen, *Le sens grammatical II. Pour une progression curriculaire de l'enseignement de la grammaire française à l'école*, 2018.

N° 42 – Agnès Leroux, *La construction linguistique de la durée en anglais et en français*, 2018.

N° 41 – Rémi Digonnet (dir.), *Inhabiting Language, Constructing Language/ Habiter la langue, construire la langue*, 2017.

N° 40 – Paula Prescod (dir.), *Approches plurielles du nom sans déterminant. Distributions, interprétations, fonctions*, 2017.

N° 39 – Fumitake Ashino, Jean-Jacques Franckel et Denis Paillard, *Prépositions et rection verbale. Étude des prépositions avec, contre, en, par, parmi, pour*, 2017.

N° 38 – Caroline Lachet, Luis Meneses-Lerín et Audrey Roig (dir.), *Les Contraintes linguistiques*, 2017.

N° 37 – Maryvonne Holzem et Jacques Labiche (dir.), *Dessillement numérique. Énaction, interprétation, connaissances*, 2017.

N° 36 – Henry Tyne, Mireille Bilger, Paul Cappeau et Emmanuelle Guerin (dir.), *La variation en question(s). Hommages à Françoise Gadet*, 2017.

N° 35 – Pascale Hadermann, Alex Housen et Dan Van Raemdonck (dir.), *ComplexitéS*, 2016.

N° 34 – Sophie Babault, Margaret Bento et Valérie Spaëth (dir.), *Tensions en didactique des langues. Entre enjeu global et enjeux locaux*, 2017.

N° 33 – Olga Galatanu, Ana-Maria Cozma et Abdelhadi Bellachhab (dir.), *Représentations du sens linguistique. Les interfaces de la complexité*, 2016.

N° 32 – Olga Galatanu, Abdelhadi Bellachhab et Ana-Maria Cozma (dir.), *Sens et signification dans les espaces francophones. La (re-)construction discursive des significations*, 2016.

N° 31 – Jean-Claude Anscombre, Bernard Darbord, Alexandra Oddo et César García de Lucas (dir.), *La phrase autonome. Théorie et manifestations*, 2016.

N° 30 – Antoine Gautier, Eva Havu & Dan Van Raemdonck (dir.), *DéterminationS*, 2016.

N° 29 – Katarzyna Janic, *L'antipassif dans les langues accusatives*, 2016.

N° 28 – Abdelhadi Bellachhab, Olga Galatanu et Rana Kandeel (dir.), *Discours et communication didactiques en FLE*, 2015.

N° 27 – Cécile Barbet (dir.), *Linguistique et stylistique des figures*, 2014.

N° 26 – Eva Havu, Michel Pierrard, *Les co-prédicats adjectivants. Propriétés et fonction des adjectifs et des participes adjoints*, 2014.

N° 25 – Marc Debono (dir.), *Corpus numériques, langues et sens. Enjeux épistémologiques et politiques*, 2014.

N° 24 – Ana-Maria Cozma, Abdelhadi Bellachhab et Marion Pescheux (dir.), *Du sens à la signification, de la signification aux sens. Mélanges offerts à Olga Galatanu*, 2014.

N° 23 – Teresa Ribas, Xavier Fontich et Oriol Guasch (eds.), *Grammar at School. Research on Metalinguistic Activity in Language Education*, 2015.

N° 22 – Antoine Gautier, Laura Pino Serrano, Carlos Valcárcel Riveiro et Dan Van Raemdonck (dir.), *ComplémentationS*, 2014.

N° 21 – Mathieu Avanzi, Virginie Conti, Gilles Corminboeuf, Frédéric Gachet, Laure Anne Johnsen et Pascal Montchaud (dir.), *Enseignement du français: les apports de la recherche en linguistique. Réflexions en l'honneur de Marie-José Béguelin*, 2014.

N° 20 – Marie-Noëlle Roubaud et Jean-Pierre Sautot (dir.), *Le verbe en friche. Approches linguistiques et didactiques*, 2014.

N° 19 – Olga Galatanu, Ana-Maria Cozma et Virginie Renard (dir.), *Sens et signification dans les espaces francophones. La construction discursive du concept de francophonie*, 2013.

N° 18 – Aboubakar Ouattara (dir.), *Les fonctions grammaticales. Histoire, théories, pratiques*, 2013.

N° 17 – Jacques Francois, Pierre Larrivée, Dominique Legallois et Franck Neveu (dir.), *La linguistique de la contradiction*, 2013.

N° 16 – Pascale Hadermann, Michel Pierrard, Audrey Roig et Dan Van Raemdonck (dir.), *Ellipse & fragment. Morceaux choisis*, 2013.

N° 15 – Véronique Delvaux, *Les voyelles nasales du français. Aérodynamique, arti- culation, acoustique et perception*, 2012.

N° 14 – Jacques Bres, Aleksandra Nowakowska, Jean-Marc Sarale et Sophie Sarrazin (dir.), *Dialogisme: langue, discours*, 2012.

N° 13 – Mathieu Avanzi, *L'interface prosodie/syntaxe en français. Dislocations, incises et asyndètes*, 2012.

N° 12 – Abdelhadi Bellachhab et Virginie Marie (dir.), *Sens et représentation en conflit*, 2012.

N° 11 – Abdelhadi Bellachhab, *Représentation sémantico-conceptuelle et réalisation linguistique. L'excuse en classe de FLE au Maroc*, 2012.

N° 10 – Dan Van Raemdonck, avec Marie Detaille et Lionel Meinertzhagen, *Le sens grammatical. Référentiel à l'usage des enseignants*, 2011 (2e edition 2015).

N° 9 – Catherine Bolly, *Phraséologie et collocations. Approche sur corpus en français L1 et L2*, 2011.

N° 8 – Audrey Roig, *Le traitement de l'article en français depuis 1980*, 2011.

N° 7 – Joelle Aden, Trevor Grimshaw & Hermine Penz (dir./eds.), *Enseigner les langues-cultures à l'ère de la complexité. Approches interdisciplinaires pour un monde en reliance / Teaching Language and Culture in an Era of Complexity. Interdisciplinarity Approaches for an Interrelated World*, 2010.

N° 6 – Lucile Cadet, Jan Goes et Jean-Marc Mangiante (dir.), *Langue et inté- gration. Dimensions institutionnelle, socio-professionnelle et universitaire*, 2010.

N° 5 – Marie-Ève Damar, *Pour une linguistique applicable. L'exemple du subjonctif en FLE*, 2009.

N° 4 – Olga Galatanu, Michel Pierrard, Dan Van Raemdonck, Marie-Ève Damar, Nancy Kemps et Ellen Schoonheere (dir.), *Enseigner les structures langagières en FLE*, 2010.

N° 3 – Olga Galatanu, Michel Pierrard et Dan Van Raemdonck (dir.), avec la collaboration d'Abdelhadi Bellachhab et de Virginie Marie, *Construction du sens et acquisition de la signification linguistique dans l'interaction*, 2009.

Site Internet de la collection:
www.peterlang.com/?gramm-r